Generation Degeneration

Über ein Leben in digitaler Gefangenschaft

Generation Degeneration

Über ein Leben in digitaler Gefangenschaft

Ein Buch von C. Budt und S. Merforth

Impressum

Constantin Budt
Im Kühl 16
59227 Ahlen
E-Mail: GenerationDegeneration19@gmail.com

©2019 Constantin Budt &
Sebastian Merforth

Covergestaltung: Christine Quenkert

Herstellung und Verlag: BoD – Books on De-
mand, Norderstedt

ISBN: 978-3-7347-6946-7

Inhalt

An erster Stelle möchten wir uns bei all jenen bedanken, die uns fortwährend immer wieder neu inspiriert haben, an unserer Idee festzuhalten und dieses Buch zu veröffentlichen. Generation Degeneration entstand durch das Beobachten der eigenen Lebensumwelt und der immer wiederkehrenden Diskussion darüber, welche Problemstellungen sich in Bezug auf das digitale Zeitalter in der heutigen Gesellschaft auftun. Während des Schreibprozesses wurden wir immer wieder mit Situationen konfrontiert, die unsere These aufs Neue bestätigten. Wir verbringen zu viel Zeit mit unseren Smartphones. Gleichzeitig begaben wir uns auf die Suche nach möglichen Argumenten für die Nutzung digitaler Medien, da es unmöglich bzw. nicht zielführend ist, den digitalen Fortschritt völlig auszublenden. Uns war wichtig, sich beide Seiten der Medaille anzuschauen, Problemstellungen aufzuzeigen als auch Lösungen für einen adäquaten Umgang mit unseren täglichen Begleitern herauszuarbeiten. Beim Schreibprozess ging es uns darum, auf einer mal mehr, mal weniger humorvollen Art und Weise das Buch jedem zugänglich zu machen. Wir entschieden uns für eine einfache Ausdrucksweise, um Sachverhalte transparent darstellen zu können. Deshalb haben wir auch nicht den Anspruch, dieses Buch als wissenschaftliche Arbeit zu publizieren.

Viele Stunden verbrachten wir in unserem Stamm-Café. Der Laptop auf dem Tisch, zwei Cappuccino in der Hand und eine Szenerie, die inspirierender nicht sein konnte. Ein immer wiederkehrendes Schauspiel zauberte uns ein Lächeln aufs Gesicht. „Darf ich schon anfangen, oder möchtest du erst ein Bild für Insta machen?" Ein Pärchen, sich gegenübersitzend, dem Smartphone verfallen, sich gegenseitig nicht in die Augen blickend. Ein Pärchen, welches die einfache Berieselung durch den Instagram Feed der gemeinsamen Zweisamkeit vorzieht. Kein Einzelfall. Eher eine Regelmäßigkeit. Dieses Buch greift genau jene Szenarien auf und hält der Smartphone Gesellschaft einen Spiegel vor. Vielleicht finden auch Sie sich in diesem Buch wieder

und setzen sich kritisch mit ihrem Smartphone–
bzw. Medienkonsum auseinander.

Und nun viel Spaß beim Lesen.

Soziale Medien. Welch ein großes Thema. Wer hätte sich vor 20 Jahren in seinen kühnsten Träumen auch nur ansatzweise ausmalen können, wie unsere Welt im 21. Jahrhundert aussehen wird. Der technologische Fortschritt erlaubt uns, sich zu jeder Zeit und überall mit anderen Menschen zu vernetzen, dauerhaft auf Abruf zu sein. Abgesehen von der Vielzahl an Stressoren, die jene schöne neue Welt mit sich bringt, ist man durchaus begeistert von dem, was angeboten wird. Handys machen es heutzutage möglich, permanent on zu sein. Online. Dauerhaft verfügbar. Bloß nicht verpassen, wenn der beste Freund oder die beste Freundin ein Foto mit einer fragwürdigen Gesichtsverzerrung der ganzen Welt zugänglich macht, um bloß einer der ersten zu sein, der darauf reagiert. Mit einem Smiley, einer kurzen Antwort, einem Foto, einem Gefällt mir… kurz: Bestätigung zu geben, dass der andere auch hoffentlich von seiner eigenen Existenz überzeugt ist. Was wir nicht alles tun, um im Zentrum der Aufmerksamkeit zu stehen, von anderen betrachtet, geliebt zu werden... ja um bloß nur etwas zu bedeuten. Es macht den An-schein, als gäbe es keine wichtigere Aufgabe, als sein Leben digital für die Nachwelt festzuhalten.

Der Wecker klingelt. Ein zwanghafter Griff zum Handy und ein hastiger Blick auf die Uhr. Es ist sieben Uhr. Nur noch 20 Minuten, bis der Schul-bus kommt. Kurz nochmal einen Blick auf Insta-gram werfen, denn es könnte ja sein, dass sie über Nacht etwas Wichtiges verpasst hat. Schnell checkt sie noch den Newsfeed ... oh zwei C-Promis haben sich spontan für eine Trennung entschieden. Erstmal einen geheuchelten Post in die Instagram Story hämmern in der Hoffnung, dass sie die Erste ist, die ihren Freunden davon berichtet. Sie hat noch zehn Minuten bis der Bus kommt. Ihren Eltern widmet sie nur ein flüchti-ges „Guten Morgen", denn es gibt wichtigeres zu tun. Hastig schlingt sie ihr Frühstück herunter, während sie gleichzeitig noch das neue Bild ihrer

Bekannten mit einem Like und einem gestellt wertschätzenden Kommentar versieht. Jetzt den gestern in die Ecke geschleuderten Rucksack nehmen und schlagartig das Haus verlassen.

Im Bus angekommen, das gleiche Spiel. Nach einem kurzen Smalltalk mit den Freunden wandern die Blicke wieder nach unten und jeder verschwindet in den Tiefen seines Mobiltelefons. Kommunikation Fehlanzeige. Warum sollte man in die belanglosen Gesichter der Mitfahrenden schauen, wenn sich doch sowieso alles im Internet abspielt. Sie ist so in ihre Online Welt vertieft, dass sie beinahe vergisst, einer alten gebrechlichen Dame den Sitzplatz anzubieten. In der Schule angekommen, gähnende Monotonie. Während der Lehrer irgendwo im Hintergrund langweilige Vorträge über die Geschehnisse der vergangenen Jahrhunderte hält, werden Whatsapp-Nachrichten beantwortet, Facebook-Profile durchstöbert und auf Instagram-Posts reagiert. Wieso auch zuhören, wenn die Aufmerksamkeitsspanne sowieso zu kurz dafür ist, um irgendwelche Inhalte ordnungsgemäß abzuspeichern.

Geschafft. Um zwei Uhr dann endlich die erlösende Schulglocke. Nach einem weiteren, langweiligen Nachmittag geht es nun endlich zum Essen mit den Freundinnen. Nach der Bestellung werden erstmal die brandaktuellen und heißen Themen diskutiert. Wer hat mit wem Schluss gemacht? Wie ist der neue Freund von Anna? Hast du schon gehört, was er gemacht hat? Er hat ein Bild mit einer anderen gepostet. Wie kann man nur so ein Arschloch sein. Und sie ist jetzt natürlich nachvollziehbar eifersüchtig.

Das arme Mädchen. In einem der wenigen Momente, in dem ihre Augen einmal nicht auf ihr Telefon gerichtet sind, entdeckt sie am anderen Ende der Lounge einen interessanten Typen. Ihre Augen treffen sich. Schnell wieder weggucken. „Hast du den Typen da drüben gesehen?". „Ja, der sieht echt gut aus. Ich glaube, er heißt Markus und ist in meiner Stufe. Guck mal nach, vielleicht findest du ihn ja auf Insta oder erfährst was bei Facebook über ihn."

Das Essen wird an den Tisch gebracht. Schnell wieder die Telefone zücken und erstmal ein Foto von ihrem perfekt zum Trend passenden Avocado Burger machen. Jetzt noch die Gabel akkurat neben den Teller legen, denn für das neue Instagram Bild muss alles perfekt sein. Klick. Aber gepostet wird es erst später, denn sie hat vor fünf Minuten ja schon ein Bild von sich und ihren Freundinnen gepostet, und… zwei Posts hintereinander verringern ja die Chance auf viele Likes.

Warum auch den jetzigen Moment mit den Lieblingsmenschen genießen, viel wichtiger ist es doch, schöne Erinnerungen für die Nachwelt festzuhalten, um möglichst viel Anerkennung im Internet zu bekommen von Leuten, die man größtenteils sowieso nicht kennt. So sieht der traurige Alltag vieler junger Menschen aus. Das Smartphone als auch die sozialen Medien stellen den Mittelpunkt ihres Lebens dar und sorgen dafür, dass sie die Welt um sich herum vergessen. Doch wie sozial sind soziale Medien eigentlich? Welche Folgen bringt ein exzessiver Medienkonsum mit sich? Ist es schon so weit gekommen, dass Likes den Platz von echter Anerkennung einnehmen und über den Wert eines Menschen bestimmen? Macht die heutige „Generation Z" einen gesellschaftlichen Rückschritt? Werden wir immer mehr zu digitalen Sklaven?

Dies und mehr sind Fragen, auf die dieses Buch mögliche Antworten gibt. Die heute digitale Gesellschaft wird einer kritischen Analyse im Hinblick auf die Fragestellung unterzogen, welche Gefahren in dieser neuen, grenzenlosen Welt lauern, aber auch, welche Potentiale sie mit sich bringt.

Was für ein toller Tag! Jetzt steht nur noch der dreißigminütige Abschminkprozess an, welcher der Preis für das perfekte Instagram Selfie ist. Tür zu. Lichtschalter umlegen. Welt aus. Was bleibt, ist das kalt leuchtende Bildschirmlicht des neuen iPhones, welches den Raum erhellt.

Instagram. Eine Milliarde Menschen nutzen weltweit eine der angesagtesten Applikationen der aktuellen Stunde. Seit dem Erscheinungsjahr 2010 nimmt die Zahl der Nutzer jener App exponentiell zu, im Jahre 2018 sprechen wir von 15 Millionen Nutzern in Deutschland, welche im Durchschnitt 30 Minuten ihres Tages damit verbringen, Bilder zu durchstöbern, auf Inhalte mit Kommentaren und Likes zu reagieren und diese mit ihren Freunden zu teilen. Weltweit nutzen täglich 500 Millionen Menschen die App, 400 Millionen Stories werden jeden Tag aufs Neue gepostet. Ein genauerer Blick auf die Statistik zeigt, welchen durchschlagenden Erfolg das Unternehmen Instagram zu verzeichnen hat. Noch im November 2017 lag die Zahl der Instagram Nutzer bei 300 Millionen. Doch nicht nur Privatpersonen nutzen aktiv Instagram. Immer mehr Unternehmen werden auf die App aufmerksam, da es DAS Medium ist, um Werbung für die eigene Sache zu machen. Im Juli 2017 lag die Zahl der Unternehmensprofile weltweit bei 15 Millionen, ein Jahr später waren es schon 25 Millionen.[1]

Ähnlich verhält es sich mit einem Unternehmen, welches bereits weit vor Instagram & Co. in der digitalen Welt seit 2004 seine Spuren hinterlässt: Facebook. Das amerikanische, von Mark Zuckerberg gegründete Unternehmen verfolgte die Grundidee, Menschen ortsunabhängig miteinander zu vernetzen. Dies tat es durchaus sehr erfolgreich. In den letzten Jahren hat sich Facebook stets weiterentwickelt und sich an die Bedürfnisse der Nutzer angepasst, was auch notwendig ist, um auf dem Markt mithalten zu können. Heute werden nicht nur neue Kontakte geknüpft: Es gibt diverse Gruppen, in denen sich Menschen mit ähnlichen Interessen vernetzen können. Nutzer können nicht nur Fotos und Videos teilen, kommentieren, verändern. Auch Live-Streams und Voice- Telefonate sind heutzutage möglich. Dank des integrierten Messengers wurde Facebook noch nutzerfreundlicher gestaltet, indem die einfache und schnelle Kommunikation zwi-

---

[1] Vgl. Internetquelle 1

schen Nutzern nun auch auf dem Mobiltelefon möglich war, ohne auf einen PC zurückgreifen zu müssen. Facebook verzeichnet aktuell im Jahre 2018 2,2 Milliarden aktive Nutzer, 1,4 Milliarden machen täglich Gebrauch von Facebook. Seit die Applikation Whatsapp mit Facebook fusionierte, werden täglich 100 Milliarden Nachrichten sowohl vom Messenger als auch über Whatsapp versendet. Auch der durch Facebook generierte Umsatz wächst weiterhin unaufhaltsam. Im ersten Quartal 2018 liegt dieser bei fast 12 Milliarden US- Dollar, 49% mehr als noch ein Jahr zuvor.[2]

---

[2] Vgl. Internetquelle 2

3. Die Welt trifft sich online

Drei Tage sind nun vergangen, seit sie mit ihren Freundinnen in der Lounge war, und noch immer geht ihr dieser eine Typ nicht aus dem Kopf. Die Wahrscheinlichkeit, sein Profil doch noch online zu entdecken, um herauszufinden, ob er vergeben ist, wird zunehmend geringer. Er war weder auf Facebook noch auf Instagram zu finden. Er kann ja sonst irgendeinen Nicknamen haben, sie wird ihn womöglich nie finden. Naja, was soll's. Es gibt ja auch noch andere interessante Menschen.

Es ist drei Uhr nachmittags und sie sitzt in der großen Bahnhofshalle. Sie ist mit einer Freundin zum Shoppen in der Stadt verabredet. Nur leider ist ihre Laune eher schlecht. Ausgerechnet heute hat sie ihre Powerbank zu Hause vergessen und ihr Handy hat nur noch 47 Prozent. Wenn sie Glück hat, wird der Akku gerade mal noch die nächsten drei Stunden überstehen.

Und wieder schweifen ihre Gedanken ab. Berauscht von ihrer Lieblingsmusik, welche aus

ihren Kopfhörern ertönt, stellt sie sich vor, wie
schön es doch wäre, wenn sie einen Freund hätte.
Einen richtigen Freund. So eben eine richtige
Beziehung. Eine Beziehung, in der beide sich
innig lieben. Und wie beweist man jemandem
seine Liebe? Indem man seinen Beziehungsstatus
auf Facebook auf „Vergeben" einstellt, ein ge-
meinsames Profilbild hochlädt, welches natürlich
unter keinen Umständen jemals wieder heraus-
genommen werden darf. Selbstverständlich dürfen auch Daily-Posts mit „dem Einen", gefolgt
von zahlreichen Hashtags wie #couplegoals,
#withmylove oder anderen vergleichbaren,
Aufmerksamkeit auf sich ziehenden elementaren
Schlagworten, nicht fehlen. Für sie ist es wichtig,
auf genau solche Dinge zu achten. Ihr letzter
Beziehungsversuch endete nämlich ziemlich
schnell und abrupt, da sie in den Tiefen der Facebook Chronik noch ein Bild zusammen mit
seiner Ex entdeckte.

Erst vor Kurzem hat sie von dieser App gehört,
Tinder. Bisher war es für sie nur üblich, von
Männern auf Instagram angeschrieben zu wer-
den, doch diese App eröffnete ihr nochmal völlig

neue Möglichkeiten. Im Sekundentakt werden ihr mögliche, potentielle Partner vorgeschlagen. Swipen beide Teilnehmer nach rechts, so haben sie ein Match und können miteinander schreiben. Sie erfuhr einen Anflug von Neid, als sie von ihrer Freundin erfuhr, dass diese mehr Matches hat als sie. Woran liegt das nur? Sieht sie einfach besser aus? Hat sie falsche Bilder hochgeladen? Oder ist sie einfach nicht gut genug?

Fast hätte sie die Zeit vergessen. Schnell nimmt sie ihre Tasche und läuft zur Bahn, während sie ihrer Freundin eine Sprachnachricht schickt und ihr mitteilt, dass ihre Bahn jetzt da ist.

Die Welt trifft sich online. Das digitale Zeitalter schreitet mit bahnbrechender Geschwindigkeit voran, die Welt wird immer schnelllebiger und eine Flut an Informationen durchströmt unser tägliches Leben. Auch die Dating-Welt verlagert sich mehr und mehr von analog zu digital. Es ist zwar noch nicht soweit gekommen, dass Menschen via Live-Stream online heiraten, allerdings sind wir gar nicht mal mehr so weit davon entfernt. Zahlreiche Dating Plattformen bieten ihre Dienste im Netz an, zahlungspflichtige als auch völlig kostenlose Applikationen. Auch hier wurden konkret nutzerfreundliche Apps konfiguriert, die jeder binnen Sekunden auf sein Smartphone laden und sofort loslegen kann, sich durch die Welt zu flirten. Vor wenigen Jahren war dieser Prozess noch etwas zeitintensiver. Zunächst musste man sich an seinem heimischen PC registrieren und ein Profil erstellen. Nachrichten in Form von Emails wurden dann an auserwählte, interessante Partner versendet. Dann hieß es warten auf den nächsten Tag, an dem man hoffentlich beim nächsten Öffnen des Programms endlich eine Nachricht vom Gegenüber in seinem Postfach vorfand. Heute geht alles rasend schnell. Nachdem man sich eine App heruntergeladen hat, besteht die Möglichkeit, sich zum Beispiel via Facebook zu registrieren und in einem Moment werden aktuelle Profilbilder direkt auf der App eingestellt und schon kann es losgehen. Eine der bekanntesten Applikationen in der Dating- Welt ist Tinder. Die im Jahre 2012 veröffentlichte App aus Los Angeles hat es binnen sechs

Jahren geschafft, ca. 50 Millionen Nutzer zu generieren, von denen zehn Millionen täglich davon Gebrauch machen. Natürlich gibt es auch wie bei anderen, heute verfügbaren Apps zum Kennenlernen, Premium Accounts, deren Zahl im Falle von Tinder bei ungefähr 3,8 Millionen liegt.[3] Premium Accounts bieten dem Nutzer einige Vorteile, um sich von der Masse abzuheben. Das Profil eines Premium Nutzers wird häufiger anderen vorgeschlagen, oftmals ist es möglich, unbegrenzt Nachrichten zu versenden.

Täglich wird 1,6 Milliarden mal geswiped. Beim „Swipen" geht es darum, dass der Nutzer eine andere Person einzig und allein anhand ihres Profilbilds bewerten kann. Dabei gibt es die Möglichkeit, nach rechts zu wischen, um zu signalisieren, dass Interesse an der Person besteht. Zeigen beide Personen Interesse, bedeutet dies ein Match und beide haben nun die Möglichkeit, einander Nachrichten zu schicken. Auf der anderen Seite kann dementsprechend mit einem „Wisch nach links" dem Programm signalisiert

---

[3] Vgl. Internetquelle 3

werden, dass man kein Interesse an der vorgeschlagenen Person hat. Von diesem Vorgang erfährt das Gegenüber allerdings nichts.

Uns ist es viel zu anstrengend geworden, sich in den Prozess eines echten „Kennenlernens" zu begeben, mal ganz abgesehen davon, dass wir es uns kaum trauen, Menschen im wahren Leben anzusprechen. Es ist einfach einfacher, die Abkürzung über die Online-Welt zu nehmen.

Jedes Mal, wenn wir einen Anflug von Langeweile verspüren, mit der Bahn fahren, auf dem Klo sitzen, die Vorlesung gerade mal nicht interessant ist, nehmen wir einfach unser Handy, öffnen die Dating-Applikation unserer Wahl und bekommen direkt zahlreiche Gleichgesinnte vorgeschlagen, die auch auf der Suche nach der großen „iLiebe" sind.

Haben wir früher noch aufmerksam den romantischen Kennenlern-Geschichten unserer Großeltern gelauscht, so wird die heutige Generation ihren zukünftigen Kindern nur salopp auf die Frage, wo sie sich den damals kennengelernt haben, antworten: „Na eben auf so einer App."

Vielleicht erübrigt sich eine solche Frage jedoch auch und wird gar nicht mehr gestellt, da das Kennlernen übers Internet zu einer absoluten Selbstverständlichkeit geworden ist. Generell hat sich das Konzept des Online-Datings perfekt in unsere schnelllebige Welt eingefügt. Wir brauchen permanenten, schnellen Erfolg im Sinne von Bestätigung. Unsere Neurologie ist auf schnelle Befriedigung gepolt.

Wir werden blind gegenüber all den Möglichkeiten, jemanden kennenzulernen, die sich im Alltag auftun. Echte, direkte Kommunikation, gerade in Bezug auf das Kennenlernen in alltäglichen Situationen, wird immer schwieriger, bis gar unmöglich. Die Fähigkeit echten Kontakt zu Menschen aufzunehmen, gerade im Bereich Flirten und Dating, ist verlorengegangen. Dies ist nicht nur auf Unsicherheiten und mangelndes Selbstvertrauen zurückzuführen, nein, wir wissen schlichtweg gar nicht mehr, wie wir das anstellen sollen. Verfechter der Dating Apps betonen besonders die Nützlichkeit dieser für schüchterne Menschen. Jedoch ist dies ein fataler Trugschluss. Mag es am Anfang einfacher erscheinen, so ziehen wir uns letztendlich immer mehr in unsere wohlige Komfortzone zurück und unsere sozialen Fähigkeiten leiden stark darunter. Demnach steigt die Abhängigkeit zu unseren Smartphones in dieser Hinsicht auf 100 Prozent. Hierbei geht es nicht einmal um die Abhängigkeit im Sinne von Sucht, sondern die Abhängigkeit darauf bezogen, dass für viele eine absolute Alternativlosigkeit beim Knüpfen von Kontakten besteht. Online Dating ist somit der Gegensatz zur Persönlichkeitsentwicklung, da sie uns nicht nur davon abhält, aktiv zu werden und in unseren Flirt Fähigkeiten zu wachsen, sondern uns immer weiter in die Bequemlichkeit führt. Wir verwahrlosen beim Warten auf den perfekten Partner.

Der mediale Einfluss auf uns wächst permanent. Klatsch und Tratsch-Sendungen, eine Unzahl an schlechten Filmen in Kombination mit dem Idealbild eines Partners, welches soziale Medien vermitteln, ist ein desaströses Gemisch. Wir wissen (scheinbar) mit 14 Jahren schon, wie unser idealer Partner zu sein hat, wie er aussehen muss, welche Charaktereigenschaften nicht zu kurz kommen dürfen, welche Verhaltensweisen gern und welche ungern gesehen werden, was er für einen Beruf haben soll, welche Vorstellungen er von einer gemeinsamen Zukunft haben muss und so weiter. Die Liste ist lang. Dabei geht uns völlig die Fähigkeit ab, uns selbst irgendwie einzuordnen, die Ansprüche an das gegenüber hingegen wachsen ins Unermessliche. Fragt man heute die Jugendlichen, wie die ideale Partnerin oder der ideale Partner sein muss, wird man sehr wahrscheinlich blitzschnell eine lange Liste an Merkmalen und Eigenschaften entgegengesprudelt bekommen, fragt man allerdings, warum sie denn der geeignete Partner sind, herrscht erstmal verdutztes Schweigen.

In einer Welt, in der das Smartphone das Tor zur sozialen Kontaktaufnahme darstellt, wird das echte „Sich-ansehen" zur Seltenheit. Viele von uns können nicht mal mehr Blickkontakt „aushalten", geschweige denn diesen bewusst suchen. Auf der anderen Seite sind unsere Erwartungshaltungen an einen Partner massiv angestiegen. Wir sehen die perfekten, makellosen, (inszenierten) Beziehungen auf Social-Media-

Plattformen und nehmen uns an ihnen ein Beispiel. Anhand dieses Idealbildes entwickeln wir eine Erwartungshaltung, welche vom Gegenüber unmöglich erfüllt werden kann. Der „Andere" muss fehlerlos sein. Und wenn er dies nicht ist, so suchen wir uns einfach jemand anderen. Denn es gibt ja noch genug andere, die viel besser in unser Raster passen.

Menschen sind austauschbar geworden. Ein Mensch ist für uns nichts mehr wert, sofern er uns nicht mehr das geben kann, was wir von ihm erwarten. In diesem Sinne ist es für uns auch keine große Sache mehr, uns von unseren Partnern spontan zu trennen. Trennungen passieren genauso, wie Partnerschaften online entstehen. Aus dem Nichts. Um schmerzvolle Erfahrungen zu vermeiden, ist es für uns oft einfacher, online den Kontakt abzubrechen, die Person zu blockieren, oder ganz einfach zu ghosten. Ghosten ist wahrscheinlich die populärste Methode. Es geht darum, alle Nachrichten seitens des Gegenübers konsequent zu ignorieren, bis dieser das Interesse verliert. Kurz gesagt: Wir haben es schlichtweg mit einer sozial inkompetenten Generation zu tun, welche gleich auf mehreren Ebenen der Sozialkompetenz versagt. Wir gehen leichtfertig mit unseren sozialen Kontakten um, können keine klaren Verhältnisse mit Menschen schaffen. Darüber hinaus sind uns unsere Flirtkompetenzen über die Zeit fast vollständig abhandengekommen. „Wenn wir die nächste Freundschaft oder Partnerschaft immer nur ein paar Klicks weit entfernt zu wittern meinen, bleiben wir ewig auf der Suche nach dem Anderen und am Ende doch allein."[4]

---

[4] Te Wildt (2015), S. 144

4. Das Smartphone als Volksdroge Nr. 1

„Wer bin ich schon ohne mein Smartphone?". Schaut man sich die Zahlen an, stellt man schnell fest, dass die Verbreitung jener digitalen Endgeräte in den letzten Jahren exponentiell angestiegen ist. Dies betrifft insbesondere die Heranwachsenden. Statistiken zeigen, dass es im Hinblick auf die Smartphone Nutzung zwischen 2010 und 2012 zu einem 47 prozentigen Zuwachs in der Kategorie der 12 bis 19-Jährigen kam.[5]

Seit Beginn des Smartphone Hypes wird unser Leben durch Multitasking bestimmt. Unser Smartphone ist überall und begleitet uns den ganzen Tag: In der Schule, in der Uni beim Verfolgen der Vorlesung, beim TV-schauen, während sozialer Interaktionen mit Mitmenschen, ja sogar beim Autofahren, ein neuer wie auch sehr gefährlicher Trend. Wie abhängig die Menschen mittlerweile geworden sind, erkennen sie erst am Gefühl der Unvollständigkeit, sofern ihr Lieblings Gadget mal wieder gestohlen bzw. es durch

---

[5] Vgl. Spitzer (2015), S. 57

Unachtsamkeit aus Versehen zerstört wurde. Auch wenn wir stets behaupten, Multitasking sei kein Problem, zeigen Studien ein anderes Bild. „Wer... beim Lernen oder Arbeiten versucht, Multitasking zu betreiben, wird dadurch ineffektiv."[6]

Ein großes Problem, was die exzessive Smartphone Nutzung angeht, ist das große Suchtpotential für den Nutzer. Die Abhängigkeit, bzw. die Sucht nach dem Telefon geschieht nicht von heute auf morgen, vielmehr entwickelt sie sich schleichend und wird deshalb auch häufig nicht als solche interpretiert. Dies gilt besonders für ein Verhalten, das im gesellschaftlichen Kollektiv uneingeschränkt praktiziert wird. Mittlerweile besteht ein gesellschaftlicher Anspruch an den Einzelnen, ein Smartphone zu besitzen. Es ist zu einem festen Bestandteil des Sozialisationsprozesses geworden. Das multifunktionale Gerät „erleichtert" diverse, damals durch Schlüsselqualifikationen gemeisterte Situationen und fesselt dadurch das Individuum an sich. Stellen wir uns

---

[6] Spitzer (2015), S. 62

doch mal vor, ein anfang 20-Jähriger müsste ausschließlich mit einer Straßenkarte und ohne jegliche Apps eine Strecke von nur fünf Kilometern zurücklegen. Meinen Sie, er wird sein Ziel jemals erreichen?

Nach dem Weg wird nicht mehr gefragt. Auch am Check-in werden die Dokumente nicht mehr persönlich eingereicht. Viel schneller geht es doch mit der von der Airline vorgesehenen App, die einen Online Check-in ermöglicht. Auch hier zahlt man den Preis der „Erleichterung". Schnelligkeit auf Kosten von sozialen Interaktionen.

Wie auch im beschriebenen Fall der Protagonistin wird das Ausmaß der Abhängigkeit ihr kaum bis gar nicht bewusst. Da permanentes zum Smartphone Greifen zu einer Normalität in der Gesellschaft und insbesondere bei Heranwachsenden geworden ist, kann kein Bewusstsein für entsprechendes Verhalten entstehen bzw. reflexiv damit umgegangen werden. Verhalten kann mit Programmen verglichen werden, welche wir durch wiederholte Tätigkeit internalisieren können bzw. dies unweigerlich tun. Das Kind, welches seit der Kita Spiele am Telefon oder auf dem Tablet seiner Eltern spielt, wird dieses Verhalten als das Normalste der Welt abspeichern und sich diese Verknüpfungen auf die neurologische Festplatte brennen. Aber wie soll ein Heranwachsender, geschweige denn ein Kind, reflexiv mit jenen Medien bzw. Geräten umgehen und Gefahrenpotentiale erkennen können?

Es muss also nicht zwangsläufig eine Substanz sein, die Suchtpotential mit sich bringt. Auch Verhaltensweisen, wenn sie exzessiv ausgeführt werden, können suchtartige Züge annehmen.[7]

Die Frage nach möglichem Suchtpotential durch die Nutzung sozialer Medien sollte heute nicht mehr gestellt werden. Smartphones sind vor langer Zeit in die Haushalte eingekehrt und stellen die absolute Normalität dar. Wurden sie damals noch primär zur direkten Kommunikation verwendet (Telefonie), kamen über die Jahre mit fortschreitender Technologie immer mehr Elemente hinzu, so dass sich das Smartphone zu einem universellen Gerät entwickelte, das weit

---

[7] Vgl. Spitzer (2015), S. 85

über den Statussymbol-Charakter hinausgeht. Es schlägt eine Brücke zu jedem Bereich unseres Lebens: Wir beziehen aus ihm Informationen aus dem Internet, machen Fotos, welche wir im Anschluss mit der Welt in sekundenbruchteilen versenden können. Wir checken mit ihm unsere Emails. Wir nutzen es als Navigationsgerät, welches uns den Weg zeigt, wenn wir mal wieder völlig verloren sind. Wir gebrauchen es als mobile Musikanlage. Es zeichnet unser Lauf- bzw. unser Trainingsverhalten auf, wenn wir Sport machen. Es wurde zu einem Kalorienzähler, zu einer Einkaufsliste, zu einem Wecker. Hand aufs Herz: Was würden wir ohne jene Geräte tun, die das Leben scheinbar so einfach machen? Nichts. Wir wären in der Welt vollkommen verloren. Jenes digitale Endgerät wird uns alles damals mühselig Erlernte abnehmen. Und wenn wir ehrlich zu uns selbst sind, wobei dies den ein oder anderen auch schon vor eine größere Herausforderung stellen wird, wissen wir doch, wie es sehr wahrscheinlich in der Zukunft aussehen wird. Dinge, die vor einigen Jahren noch selbstverständlich waren, werden nicht mehr existieren, sie werden aus dem Bewusstsein völlig verschwunden sein: Sich eine Telefonnummer oder den Geburtstag eines Freundes merken? Unmöglich. Neue Kontakte offline kennenlernen – so etwas gab es mal? Sich einen Einkaufszettel schreiben oder sich vielleicht sogar Dinge merken, die wir im Supermarkt kaufen wollen? Jemandem ohne ein „like" ein echtes Kompliment machen anstatt sich hinter dem Bildschirm zu verstecken? Das wäre viel zu aufdringlich! Machen wir es kurz: Es kommt zu einer absoluten Gleichschaltung der „Nutzer". Alles funktioniert nach dem gleichen Muster, es gibt keine Abweichungen. Wir vertrauen blind auf das Gerät. Konstruktive Denkprozesse werden eine Seltenheit sein. Das Denken wird uns von unserem Smartphone abgenommen. Benutzten wir es noch einst, so werden wir allerspätestens jetzt benutzt. Wir sind ihm völlig verfallen und in seinen Bann gezogen worden.

Beschäftigt man sich mit lerntheoretischen Ansätzen, so kann man eins und eins zusammenzählen, wie widerstandslos und einfach Kinder in diese digitale Welt eingeführt werden. Kinder lernen am Modell, durch Beobachtung und Nachahmung. Dies stellt schon Albert Bandura fest, welcher sich mit Lernverhalten auseinandersetzte. Der kanadische Psychologe stellte ein Modell vor, welches das Lernen von neuen Verhaltensweisen in vier Schritte gliedert: In zwei Aneignungsphasen wird Verhalten beobachtet und internalisiert, in zwei weiteren wird das Verhalten entsprechend ausgeführt. In den vier Phasen unterscheidet Bandura Aufmerksamkeits-, Verhaltens-, Reproduktions-, bzw. Verstärkungs- und Motivationsprozesse.[8] Jenes Modell lässt sich wunderbar auf das kindliche Lernen im Umgang mit dem Smartphone anwenden. Die initiale Phase beschäftigt sich mit Aufmerksamkeitsprozessen. Die heutige Generation wird in eine Welt hineingeboren, in der Smartphones fast überall verfügbar sind. Insbesondere lernt das Kind von seinen engsten Bezugspersonen. Meist sind dies die Eltern. Kinder haben bereits in sehr jungen Jahren die Fähigkeit, ihre Umwelt sehr differenziert wahrzunehmen. Das Kind beobachtet den Umgang seiner Mutter,

---

[8] vgl. Internetquelle 4

seines Vaters, mit dem Smartphone sehr genau. Und dieses Gerät ist etwas Wunderbares. Es kann mir schöne Bilder zeigen, interessante Geräusche machen, ja man kann sogar hineinsprechen. Und es scheint einfach dazuzugehören, wenn die Eltern ständig damit durch die Gegend laufen. Und wenn es einmal nicht auffindbar ist, bricht gleich Panik aus und die Erwachsenen tun so, als gäbe es nichts Wichtigeres in ihrem Leben. Kinder fokussieren sich auf die Dinge, die besonders interessant für sie sind. Die beobachteten Verhaltensmuster werden über einen gewissen Zeitraum internalisiert. Das Kind lernt, welchen Nutzen das Smartphone für die Menschen hat bzw. was man alles damit machen kann. Ab einem gewissen Alter dürfen die Kinder dann mit dem Smartphone spielen, Spiele gibt es in allen Varianten, so kommt niemals Langeweile auf. Und wenn ein vierjähriges Kind aufgeregt in der Kita den Fachkräften mitteilt, wie es sich darauf freut, am Nachmittag endlich wieder mit dem Smartphone bzw. Tablet der Mutter zu spielen, so sollte dies doch kritische Fragen aufwerfen. Es ist natürlich eine Erleichterung für die Eltern, wenn sie eine Möglichkeit gefunden haben, ihr Kind stundenlang ohne Probleme beschäftigen zu können. Man gebe den Kindern nur ein Spiel auf dem Smartphone, und schon ist Ruhe eingekehrt. Allerdings sollte man dann auch ein zweites Handy haben, denn einige Stunden ohne sein Gerät zu sein, ist ja heute nicht mehr zu ertragen. Das Belohnungszentrum des Kindes schüttet ununterbrochen Dopamin aus, das Kind erlebt wahrhaft intensive Glücksmomente. Doch ist es nicht sehr fragwürdig, wenn Kinder anstatt mit Freunden draußen zu spielen, lieber vor ihrem digitalen Alleskönner abhängen? Auch hier scheint es keine großen Proteste zu geben, es ist ja schließlich normal. Und wie schlimm wäre es denn bitte, wenn das Kind erste Mobbingerfahrungen aufgrund eines Smartphone-Verbots erleiden müsste.

Das Smartphone nimmt also einen großen Teil des Alltags ein. Und es muss etwas Gutes sein, denn wer läuft denn heute noch ohne sein digitales Endgerät durch die Gegend. Erschwerend kommt die Tatsache hinzu, dass heute jeder mit seinem Smartphone im Internet surft und dadurch scheinbar keine Gefahr von der „selbstverständlichsten" Sache der Welt ausgeht. Dies zeigt sich insbesondere daran, dass die Internet- bzw. Smartphone Sucht keine offiziell anerkannte Diagnose darstellt, sondern lediglich als ein Phänomen beschrieben wird. Fast jeder in Deutschland hat ein Smartphone mit Internetzugang. Es ist demnach schwer zu prüfen, wer wie heftig von dieser Problematik betroffen ist. Interessant wird es erst, wenn der Zugang zum Internet temporär nicht verfügbar ist und man sich selbst überprüfen kann, ob man noch ohne sein Smartphone klarkommt.

Das Smartphone der heutigen Zeit haben wir schon als universellen Alleskönner beschrieben. Doch was passiert genau mit uns, wenn wir mit unseren Fingern über die glatte Oberfläche des Bildschirms streichen, wenn wir eine Nachricht von einem Freund empfangen, wenn wir ein Like bekommen? Studien haben gezeigt, dass es zu einer vermehrten Ausschüttung des Glückshormons Dopamin kommt. Doch was ist dieses Dopamin genau?

Dopamin ist ein sogenannter Botenstoff in unserem Gehirn. Besser gesagt wird dieser von unserem Gehirn freigesetzt und aus den Aminosäuren Phenylalanin und Tyrosin synthetisiert. Durch ihn fühlen wir uns gut, unsere Blutgefäße erweitern sich und unsere Herzfrequenz steigt an.[9] Jedes Mal also, wenn wir unser Smartphone aus der Hosentasche herausholen, in der hoffnungsvollen Annahme, dass wir eine Mitteilung oder ein Like erhalten haben, schüttet unser Gehirn den Botenstoff aus und lässt uns gut und euphorisch fühlen. Die Schnelligkeit dieses Prozesses ist hier relevant. Wir werden überflutet mit Reizen, die unser Smartphone sendet, als auch von unseren Gedankengängen, die permanent darum kreisen, ob wir etwas Wichtiges verpasst haben. Wir wollen dabei sein, wir wollen mittendrin sein. Wir wollen nicht den Anschluss verlieren. Wir wollen nicht allein sein. Ist die neuronale Verbindung zwischen dem Griff zum Smartphone und dem einhergehenden Glücksgefühl erst einmal hergestellt, so lässt diese sich nur schwer wieder trennen. Es stellt sich zwangsläu-

---

[9] vgl. Internetquelle 6

fig die Frage, ob wir ohne unsere Begleiter irgendwann überhaupt noch in der Lage sein werden, Glücksmomente außerhalb unserer Online-Welt zu erleben, da dort alles viel langsamer geschieht und sich schnell ein Gefühl von Langweile einstellt. Je größer die Bedeutung des Smartphones für uns wird, desto mehr werden viele Dinge aus unserem Alltag an Bedeutung verlieren. Besonders die zwischenmenschliche Kommunikation kann und wird sehr darunter leiden. Warum ist es uns so wichtig, beim gemeinsamen Essen mit Freunden online zu sein, das Handy womöglich noch permanent auf dem Tisch liegen zu lassen? Was ist der Grund dafür, dass wir jedes Mal einen Moment der Panik erleben, wenn wir beim Griff an den Oberschenkel eine leere Hosentasche vorfinden und glauben, unser Handy verloren zu haben?

Viele Menschen zeigen beinahe phobische Reaktionen, wenn das Smartphone abhandenkommt. Dieses Phänomen wird als „Nomophobia" beschrieben. Eine indische Studie nahm sich dieser Thematik an und untersuchte, wie viele Menschen nicht nur ein Smartphone nutzen, sondern auch, wie sie reagieren, wenn dies einmal nicht vorhanden ist bzw. sie ohne dieses auskommen müssen. Sie kam unter Anderem zu dem Ergebnis, dass von 165 befragten Personen zwischen 15 und 30 Jahren 58% behaupteten, sie würden es nicht aushalten, auch nur einen Tag ohne ihr Smartphone klarzukommen.[10]

Doch welche Schlüsse können über eine Gesellschaft gezogen werden, in welcher dies an der Tagesordnung steht und entsprechende Verhaltensweisen vorgelebt werden? Was wird den Kindern auf der Meta-Ebene kommuniziert, wenn die Mutter oder der Vater beim gemeinsamen Spielplatzbesuch ständig auf ihr bzw. sein Smartphone guckt? Nämlich, dass es die höchste Priorität hat und nicht einmal ein Kind ihm diesen Rang ablaufen kann.

Die Kinder sind mit Sicherheit nicht schuld an dem Dilemma, sie greifen lediglich Dinge aus ihrer Umwelt auf und internalisieren sie dementsprechend. Die Frage stellt sich nach der Erziehungskompetenz und vor allem nach der Medi-

---

[10] Vgl. Internetquelle 7

enkompetenz der Eltern. Das soziale Umfeld wird sich zunächst nur schwer verändern lassen und es muss hinterfragt werden, ob die heutige Gesellschaft überhaupt noch einen Raum für diejenigen hat, die sich gegen ein digitales Leben entscheiden.

Wir wollen an dieser Stelle noch einmal festhalten, dass das Smartphone und selbst digitale Medien nicht verteufelt werden sollen. Ganz im Gegenteil: Es kann uns in der Tat Dinge erleichtern, wenn wir reflexiv mit ihm umgehen können. Auch gegen die Nutzung sozialer Medien spricht erstmal nichts, sofern kein Überkonsum stattfindet und sich kritisch mit diesen Inhalten auseinandergesetzt wird. Allerdings sind negative Tendenzen zu erkennen, welche sich im Laufe der Jahre immer stärker abzeichnen. Die Frage ist die nach dem entsprechenden Umgang, wie wir ihn in weiteren Kapiteln auch noch ausführlicher thematisieren werden.

Denkt man an das Thema der Suchtproblematik, werden die meisten Menschen direkt eine Assoziation zu illegalen Drogen herstellen. Dies ist auch vollkommen nachzuvollziehen und plausibel, da ein gesellschaftliches Bewusstsein für diese Thematiken geschaffen wurde, nicht zuletzt durch langjährige und kostenintensive PR-Arbeit. Allerdings gibt es auch Substanzen, die die meisten Menschen nicht „auf dem Schirm" haben. Nur weil beispielsweise Alkohol ein von der Norm toleriertes und gesetzlich legitimes Rauschmittel ist, heißt es noch lange nicht, dass er weniger schädlich als illegale Drogen sein muss. Die Suchtgefahr ist sogar noch größer, da er überall verfügbar und ab 16 Jahren jedem frei zugänglich ist. Ähnlich verhält es sich mit der Online-Sucht, welche genau wie der Alkohol omnipräsent ist und im Leben der meisten Menschen eine Rolle spielt. Es fehlt schlicht und ergreifend ein Bewusstsein für entsprechende Gefahren, die das Internet bietet, als auch für die Abhängigkeit allein durch dessen übermäßige Nutzung. Das Bundesgesundheitsministerium ermittelte 2011 in einer Untersuchung, dass von den Jugendlichen bzw. Heranwachsenden im Alter zwischen 14 und 24 Jahren 13,6% an einer

Internetsucht leiden.[11] Die Problematik bei der Internetsucht ist, dass sie schleichend entsteht und zunächst keine ausgeprägten Symptome mit sich bringt.

Es handelt sich gerade bei der Smartphone Thematik weniger um ein rein Hardware-bezogenes Phänomen, sondern um ein Phänomen, dessen Symptome sich über die Fähigkeit der Internetnutzung erst zu multiplizieren scheinen. Studien haben gezeigt, dass es kaum relevante Abhängigkeitsfaktoren bei elektronischen Geräten ohne Online-Zugang gibt. Die Zahl der echten Abhängigen nahm erst drastisch zu, seitdem jene Geräte einen Internetzugang haben.[12] Daraus können wir ableiten, dass das Smartphone und der Computer als solcher kein Potential für eine ernsthafte Abhängigkeit mit sich bringen. Auch hier ist es wieder der Mensch, der sich aus eigenem Antrieb durch die omnipräsente Online-Fähigkeit sich in eine Sucht hineinlebt, oder eben nicht. Natürlich gibt es unterschiedliche Fakto-

---

[11] Vgl. Internetquelle 5
[12] Vgl. Te Wildt (2015), S. 91

ren, welche eine Internetsucht begünstigen. Als zentrales Element können wir das soziale Umfeld sehen, welches besonders in der Phase der Adoleszenz, der Phase des Erwachsenwerdens eine große Bedeutung und somit einen großen Einfluss auf das Individuum hat. Gerade die Jugendlichen, ja vielleicht sogar Kinder, welche noch in sehr jungem Alter bereits über ein Smartphone verfügen und noch nicht reflexiv mit diesem – wir nennen es bewusst ein Machtinstrument – umgehen können, laufen Gefahr, sich ausschließlich durch die Bestätigung oder eben auch nicht Bestätigung der sozialen „Online Umwelt" ihr Selbstwertgefühl auszubilden, eine Ich-Identität aufbauen. Stellen wir uns mal einen 14-Jährigen vor, bei dem jene Art der sozialen Bestätigung aus welchen Gründen auch immer wegfällt. Er zerbricht aufgrund der Vorstellung, dass dies eine echte, authentische Rückmeldung über was er ist, was er kann und vor allem was er nicht kann. Überhaupt keine Rückmeldung, kein Online Feedback auf irgendeine Weise zu bekommen, kann mittlerweile den sozialen Tod bedeuten. „Von seiner Umwelt ignoriert zu werden, ist eine der schlimmsten sozialen Erfahrungen."[13] Bert Te Wildt, Autor des Buches „Digital Junkies – Internetabhängigkeit und ihre Folgen für uns und unsere Kinder" beschreibt das Unglücklichsein als einen der Hauptrisikofaktoren, die eine Online Sucht begünstigen können.[14]

[13] Te Wildt (2015), S. 142
[14] Vgl. Te Wildt (2015), S. 144

5. Online-Stress

Welch ein wunderbares Glücksgefühl, das gerade ihren Körper durchströmt. Ein unbeschreibliches Gefühl der reinen Freude und tiefster Zufriedenheit macht sich in ihr breit. In Gedanken verloren nimmt sie nichts mehr um sich herum war. Nichts ist wichtiger als das, was sich gerade unmittelbar vor ihren Augen abspielt.

Zehn Minuten sind vergangen seitdem sie ihr neues Instagram Foto mit der Welt geteilt hat und sie hat bereits sage und schreibe 50 Likes bekommen. Was ihre Freunde wohl dazu sagen werden? Tiefenentspannt lehnt sie sich zurück und genießt den Moment... doch was ist jetzt los? Nach dem mehrmaligen Runterswipen, um die Instagram App zu aktualisieren, stellt sie plötzlich fest, dass etwas nicht stimmt. Stillstand. Auch nach mehrfachem Neu- Laden der Anwendung passiert einfach nichts. Panisch bewegt sich ihr Finger im Sekundentakt nach unten. Vielleicht ist ja das Handy kaputt. Oder hat die App sich aufgehängt? Einfach das Smartphone neu starten und gleich ist wieder alles gut. Voller Optimismus öffnet sie erneut das Programm. Verzweiflung. Wie soll sie damit umgehen? Nur wenige Momente hat es gebraucht, um ihre heile Welt auf den Kopf zu stellen. Eine düstere Erkenntnis beherrscht nun ihre Gedankenwelt: Ihre Likes sind eingefroren. Kein Like. Kein Kommentar. Nichts. Für einen Moment ist nur noch Leere in ihr zu spüren.

Heute geht alles schnell. So kann es geschehen, dass sich die Welt um einen herum quasi über Nacht auf den Kopf stellt. Deshalb ist es wichtig, ständig online zu sein. Von der Sorge geplagt, irgendetwas Wichtiges sei einem vielleicht entgangen, ist die erste Handlung nach dem Aufwachen meist der Griff nach dem Smartphone. Auch auf der Arbeit bleibt das Handy meist eingeschaltet und nicht im Flugmodus, es könnte ja sein, dass man eine wichtige Nachricht über Whatsapp bekommen hat. Viele exzessive Nutzer dieser App fangen an sich bereits Sorgen zu machen, wenn das Gegenüber mal für wenige Stunden nicht antwortet. Wir können nicht mehr warten. Vom Drang geplagt, direkt auf jede

Nachricht antworten zu müssen, verlieren wir gleichzeitig auch die Geduld, wenn wir auch nicht sofort eine Antwort zurückbekommen. Diese Grundhaltung wird mehr und mehr zu einem Dogma im Leben der Generation Z und führt auf Dauer zu Stressreaktionen. Dass die intensive Smartphone Nutzung und dauerhafte, ununterbrochene Verfügbarkeit massiven Stress für den Organismus bedeutet, kann nicht mehr geleugnet werden.

Eine Studie der Techniker Krankenkasse aus dem Jahre 2016 hat gezeigt, dass sich sechs von zehn Menschen im Alltag gestresst fühlen.[15] Doch was genau ist eigentlich Stress?

„Als Stress werden eine Reihe von unterschiedlichen psychischen und physischen Reaktionen bezeichnet, die durch akute Bedrohungen, negative Ereignisse oder besondere Belastungen (Stressoren) ausgelöst werden."[16] Stressoren sind als Faktoren zu verstehen, die Stressreaktionen hervorrufen bzw. auslösen. Allerdings gibt es

---

[15] Vgl. Internetquelle 8
[16] Vgl. Internetquelle 9

zwei Arten von Stress: Eustress und Disstress. Disstress ist jene Form von Stress, die wir meinen, wenn wir im Alltagsgebrauch das Wort „Stress" benutzen: Sie bezeichnet einen Zustand, der auf lange Zeit destruktive Auswirkungen sowohl auf die körperliche als auch psychische Gesundheit hat. Überstunden auf der Arbeit, regelmäßiger Zeitdruck, Konflikte jeglicher Art, Schlafmangel. Dies sind nur einige Faktoren, die den Menschen langfristig krankmachen. Eustress hingegen ist die positive Seite des Stresses. Sportliche Aktivitäten, der Besuch einer favorisierten Musikveranstaltung mit hohem Lautstärkepegel. Anhand dieses Beispiels wird nochmal genau der Unterschied der beiden deutlich: Geht jemand gerne auf ein Konzert und setzt sich freiwillig mehrere Stunden lang hoher Lautstärke aus, so wirkt sich dieser Stress positiv auf den Organismus aus, da diese Erfahrung mit positiven Emotionen besetzt ist. Diese Situation wäre eine andere, wenn die Freiwilligkeit nicht gegeben wäre und diese Lautstärke für den Menschen reinen Lärm bzw. Krach darstellen würde. Doch wie kann nun Smartphone Nutzung mit Stress in Verbindung gebracht werden?

Allein durch das temporäre nicht-Auffinden unseres Smartphones reagieren die meisten Menschen mit Stress. Noch viel stärker werden wir jedoch durch unterschiedliche Anspruchshaltungen und Abhängigkeitsstrukturen gestresst, welche dem Großteil der Nutzer erst gar nicht bewusstwerden. Es scheint sich um ein ungeschriebenes Naturgesetz zu handeln, sofort auf Whatsapp-Nachrichten reagieren zu müssen. Für viele Menschen stellt es eine große Herausforderung dar, bzw. scheint es schier unmöglich, eine Nachricht konsequent zu ignorieren. Auch hier wird deutlich, wie fremdbestimmt wir durch unsere Mobiltelefone werden. Wie stark die Auswirkungen dieser Abhängigkeitsstruktur sind, sieht man besonders deutlich daran, dass wir es nicht einmal schaffen, uns diesem Zwang zu widersetzen, wenn wir unter Leuten sind. Selbst wenn wir beispielsweise mit unseren besten Freunden oder unserer Familie zusammen sind, schenken wir einen Teil unserer Aufmerksamkeit immer unseren mobilen Endgeräten.

Durch dieses Verhalten entsteht eine massive Störung der zwischenmenschlichen Kommunikation, wir werden unseren Lieben einfach nicht gerecht. Alleine der Gedanke, eine Nachricht bekommen zu haben, aber nicht zu wissen, von wem und mit welchem Inhalt, macht uns verrückt. Dadurch sind wir permanent unter Strom und um dem zu entgehen, begeben wir uns freiwillig in die Abhängigkeit.

Ein Phänomen, welches sich besonders auf die jüngere Generation bezieht, ist das stark ausgeprägte Konkurrenzdenken auf Social-Media-Plattformen. Jeder möchte mehr Follower haben, als der Andere. Diese Weltanschauung ist ebenfalls mit permanentem Stress verbunden, gerade im Hinblick auf die Tatsache, dass der Versuch, an der Spitze der medialen Nahrungskette zu stehen, ein unerreichbares Ziel darstellt – Irgendwer hat immer mehr Follower, mehr Likes, bessere Fotos, besseres Aussehen, mehr Geld, mehr „Anerkennung". Wir begeben uns in einen Kreislauf der Selbstoptimierung, ein Prozess, der nie abgeschlossen werden kann und ständige Aufmerksamkeit erfordert. Wir streben nach

Perfektion und machen uns mehr und mehr zu Produkten, die wir zu vermarkten versuchen. Diese Lebenseinstellung wirkt sich oft negativ auf die psychische Gesundheit der Nutzer aus, das Streben nach dem Unmöglichen führt ins Unglück und kann in der Depression enden.

Es ist durchaus zur Normalität geworden, sein Smartphone im Durchschnitt ca. drei Stunden täglich zu nutzen.[17] Diese drei verlorenen Stunden fehlen uns im Alltag. Wir haben weniger Zeit für andere Dinge. Wir versuchen dies zu kompensieren, indem wir hektischer werden, Dinge nur noch halbherzig tun bzw., indem wir sie aufschieben. Dabei führt jede der genannten Reaktionsmöglichkeiten früher oder später zu einem erhöhten Stresslevel.

Die eingangs dargestellte Problematik des permanenten „onlinesein-Müssens" fügt sich in diesen Stress-Kontext ein und steigert den Stress noch weiter, da wir von der ständigen Angst begleitet werden, etwas Wichtiges verpassen zu können. Wir müssen immer „up-to-date" sein.

---

[17] Vgl. Internetquelle 10

Wer es nicht ist, kann nicht mitreden. Gerade bei Kindern und Jugendlichen bringt die nicht Teilnahme am virtuellen Alltag Konsequenzen mit sich. Wie viele Kinder werden als „uncool" in der Schule abgestempelt, wenn es sie nicht interessiert bzw. sie unwissend darüber sind, wie das Kind von Kylie Jenner heißen soll oder mit wem Justin Bieber ein neues Selfie gepostet hat? Jene Nichtteilnahme führt auf dem einen oder anderen Weg zwangsläufig zu sozialer Exklusion. Der Anspruch der medialen Partizipation besteht an uns alle. Die Konsequenzen der Nichtteilhabe sind in allen Altersstufen präsent, allerdings variieren diese in ihrer Form, je nach sozialer Konstellation.

Aufgrund der Omnipräsenz unseres Smartphones und durch den „erleichterten Alltag" verlernen wir allmählich zu denken, da unser Gerät uns fast alles abnimmt. Wir müssen keine Karten mehr lesen, um von A nach B zu fahren, uns den Weg merken, sondern bekommen jegliche Arbeit abgenommen. Telefonnummern von Freunden, geschweige denn unsere eigene, können wir meist schon lange nicht mehr auswendig. Alles ist auf unserem Handy, nicht mehr in unseren Köpfen. Wir haben es quasi mit einer digitalen Denkmaschinerie zu tun, welche uns alle wichtigen Aufgaben abnimmt. Ist das Smartphone einmal nicht in greifbarer Nähe, erleben wir meist eine akute Überforderungssituation. Die Degeneration schreitet voran, unser Gehirn baut die Verknüpfungen ab, die es nicht mehr benötigt; wir werden immer inkompetenter und steuerbarer.

Online bekommen wir alles geboten. Deshalb ist es für uns umso schlimmer, wenn wir, aus welchen Gründen auch immer, einmal keinen Zugang zum Internet haben. Dieses Gefühl, etwas online zu verpassen, hat mittlerweile einen eigenen Namen bekommen: „FOMO". FOMO ist die Abkürzung für fear of missing out. Dabei geht es nicht darum, dass etwas extrem Wichtiges verpasst wird, welches sich zu einem großen Nachteil für uns auswirken könnte. Vielmehr geht es um ein sehr unkonkretes nichts-verpassen-Wollen, ein überall dabei-sein-Wollen und alles mitzubekommen.[18] Die Menschen beginnen sich zu fürchten, andere könnten bessere, wertvollere Erfahrungen machen als man selbst, ein besseres Leben haben, intensivere Erlebnisse haben. Deshalb müssen wir ständig online sein, fremde Menschen als auch unsere eigenen Freunde observieren, einerseits, um sich auf dem Laufenden zu halten, andererseits, um Inspiration zu bekommen, um dann vielleicht auch besser dastehen zu können. Es hat den Anschein, alles drehe sich nur noch um einen großen Konkurrenzkampf, immer besser sein zu wollen als der Andere. Allerdings wollen wir auch nicht alleine sein. Deshalb suchen wir dennoch die Nähe anderer Menschen, mit denen wir dann wieder um das „beste Leben" konkurrieren. „Jeder Mensch [ist] ein Einzelkämpfer und ein Marketingexperte des eigenen Egos. Bei der Furcht vor dem Verpassen geht es ums Abhaken, ums Dabeisein, ums Punkte-Machen. Das Scheitern findet auf einer anderen Ebene statt und ist kein Thema; man zelebriert das eigene Leben, nimmt teil an

---

[18] Vgl. Poser (2018), S. 10 f.

allem, was geht, und bringt sich in Position für einen Schlagabtausch, zu dem es nie kommt...."[19]

[19] Poser, Manfred (2018), S. 29

Sie ist müde. Niedergeschlagen. Es ist mal wieder einer dieser Tage, an denen sie gar nichts tut. Abgesehen davon, pausenlos gebannt auf ihr Handydisplay zu starren, natürlich. Es ist ein sonniger Tag. Doch anstatt etwas draußen mit ihren Freunden zu unternehmen, ist sie lieber allein. Seitdem ihre Instagram-Posts seit geraumer Zeit auf so wenig Resonanz stoßen, fühlt sie sich irgendwie nicht mehr richtig wohl in ihrer Haut. Mit leerem Blick scrollt sie sich durch sämtliche Profile, über 1000 sind es inzwischen, denen sie aktiv folgt. Von Bloggern zum Thema Fashion, Lifestyle, Reisen, Liebe & Beziehungen ist alles dabei. Auf den Fotos sind strahlende Menschen zu sehen. Glückliche Menschen, die das Leben ihrer Träume leben und ihre wundervollen Erfahrungen mit allen teilen: Wie sie die Welt bereisen, wie sie mit ihren Freunden gemeinsam lachen, den neusten Trends folgen und wahnsinnig viel Zuspruch von der Community erhalten, wie perfekte Beziehungen sich gegenseitig ihre Liebe bekunden, regelmäßig Fotos und

Videos von ihrer gemeinsamen Zeit mit der Welt teilen und von allen ohne Ende Aufmerksamkeit bekommen… und dann gibt es da noch sie. Einsam auf ihrem Bett sitzend. Ihre Gedanken kreisen allein um eine Frage: „Wieso habe ich nicht so ein tolles, erfülltes Leben?" Dabei hat sie ja eigentlich alles. In der Schule läuft es gut, sie hat einen stabilen Freundeskreis, eine Familie, die sie unterstützt. Doch das ist irgendwie gerade völlig bedeutungslos. Am liebsten würde sie jetzt ganz weit weg fahren, raus aus diesem tristen Alltag. Vielleicht täte ihr eine Woche Mallorca gut. Spanien, Italien, egal wohin. Strand und Meer wären schön. Einfach mal raus. Die letzten Sommerferien stehen vor der Tür bevor es dann endlich ins letzte Schuljahr geht. Sie ruft ihre Freundin an. Diese willigt sofort ein, die Ersparnisse des letzten Jahres werden auf den Kopf gehauen, jetzt nur noch ein OK der Eltern und schon kann der Urlaub gebucht werden.

Wir haben bisher gelernt, dass das Smartphone eine besondere Bedeutung in unserem Alltag hat.

Kam die 68'er Generation noch weitestgehend ohne soziale Medien und mobile Hightech Mini Computer aus, so sah es bei den Folgegenerationen schon ganz anders aus. Wir leben unsere Smartphones, ja man könnte schon fast sagen, sie gehören beinahe wie ein Körperteil zu uns, weswegen wir auch mit Schock und Entsetzen reagieren, wenn es auf einmal fehlt oder kaputt geht: Eben eine ähnliche Vorstellung, wie wenn wir morgens aufwachten und uns ein Bein fehlen würde. Wir liken, wir swipen, wir posten, wir bekommen Aufmerksamkeit und unser Gehirn fährt Kirmes, wenn eine Neue Nachricht auf unserem Display erscheint. Unser Gehirn rauscht sich mit kleinen Dopamin-Schüben voll und wir konditionieren uns auf kurzfristige Befriedigung. Bleibt diese aus, kann dies wahrhaftig dramatische Folgen für den Einzelnen haben, ja sogar Depressionen können als Folge von mangelnder Online-Bestätigung in Betracht gezogen werden. Erfahren wir über einen längeren Zeitraum ausschließlich soziale Bestätigung über positive Likes, so können wir dementsprechend auch in eine tiefe persönliche Krise stürzen, wenn das

Kartenhaus, die von uns betitelte online-fake-Identität, zusammenbricht. Paradoxerweise interessiert es uns so viel mehr, was fremde Menschen, Menschen, denen wir nie in unserem Leben begegnet sind, für eine Meinung über uns haben. Reagiert man nicht auf uns, fühlen wir uns wertlos, ungeliebt. Wir versuchen alles, um diese Disbalance wieder auszugleichen. Mit neuen Outfits. Mit neuen Accessoires, mit eben allem, was uns extern einen sozialen Mehrwert geben kann. Es könnten genauso gut ausschließlich Bots sein, also Programme, die uns automatisiert Likes zuspielen und wir würden keinen Unterschied bemerken. Das heißt, es müssen nicht einmal echte Menschen sein, die über das Schicksal unserer Gefühlswelt entscheiden. Eine ziemlich abstrakte Vorstellung, wenn wir uns schlecht fühlen, nur weil uns einige Programme keine Wertschätzung mehr zukommen lassen. Alleine diese Idee verleitet zu der Annahme, dass wir immer mehr zu digitalen Sklaven werden. Selbstbestimmung ist hier fehl am Platz, es werden sogar immer mehr Parallelen zum Orwell'schen „1984" erkennbar. Eine Gesellschaft, gleichgeschaltet, fremdbestimmt und ohne Bewusstsein, welches eine kritische Betrachtung des Systems erst möglich machen würde. Die metaphorische Beschreibung der digitalen Einzelhaft macht es noch einmal deutlich. Ähnlich wie in den Matrix-Filmklassikern leben wir in einem mentalen Gefängnis, welches wir nicht einmal als ein solches erkennen. Wir haben uns freiwillig hineinbegeben, die Tür hinter uns zu geschlossen und den Schlüssel weggeworfen. Diejenigen, die sich kritisch mit der Materie auseinandersetzen, haben wenigstens noch den Schlüssel behalten…

Anhand der Übernutzung unserer digitalen Endgeräte können wir einen schleichenden Verlust an Menschlichkeit erkennen. Es ist nicht nur die Smartphone-Nutzung allein, sondern die Veränderung des Wertebewusstseins innerhalb unserer Gesellschaft. Ein Beispiel: Morgens auf der Autobahn. Die Nachrichten haben es im Radio bereits verkündet. Mal wieder ein Autounfall. Und dann macht sich dieser auch schon relativ zeitnah bemerkbar. Der Verkehr kommt ins Stocken und man wundert sich, welches Ausmaß dieser Unfall wohl hatte. Und auf einmal sehen wir ein Auto am Straßenrand stehen, allerdings sind zwei der drei Spuren frei. Es kam lediglich zum Stau, weil der ein oder andere (wohl eher die Mehrheit) nichts Besseres zu tun hatte, als mal wieder von seinem Smartphone Gebrauch zu machen und das Geschehen abzufotografieren. Welch ein Highlight im Leben eines Menschen, ein zerbeultes Autowrack gesehen und dann dies noch bestmöglich in Szene gesetzt zu haben. Dieses Bild wird dann auch ganz schnell an seine Bekannten weitergeleitet, weil sonst in unserem Leben ja anscheinend kaum etwas Spannendes passiert.

Man kennt sie. Die Gaffer. Die Leute, die bei Unfällen als erstes und schon längst vor dem Eintreffen des Krankenwagens vor Ort sind. Aber selbstverständlich nicht um des Helfens Willen, sondern, um live im Geschehen zu sein, um in der ersten Reihe zu stehen. Es fehlt nur noch, dass uns jemand Getränke und Popcorn an unseren Platz bringt. Bei größeren Events kann auch schon mal das Fernsehen auftauchen; man will dann auf jeden Fall sicherstellen, dass man auch bei der TV Ausstrahlung im Hintergrund zu sehen ist.

Wir sind zunehmend zu einer Gesellschaft von Voyeuren geworden, sowohl in alltäglichen Situationen als auch genauso gut im Internet. Es kommt der Begriff des sozialen Voyeurismus auf, welcher sich insbesondere auf die sozialen Medien beziehen lässt. Voyeurismus wird nicht ausschließlich mit sexuellen Inhalten in Verbindung gebracht, es gibt auch andere Möglichkeiten, wie er verstanden und zugeordnet werden kann.[20] Diese Form des Online Stalkings in neuem Gewand scheint allerdings sozial legitim zu sein. Eben weil es jeder tut. Wir posten nicht nur permanent Inhalte, nein wir sind auch bestens darüber informiert, was die neue Freundin des besten Freundes heute zum Frühstück hatte. Wir wissen, wie ihr Hund heißt, dass er drei Jahre alt ist und dass er unter einer seltenen Allergie leidet. Darüber hinaus wissen wir, wann sie jeden Tag das Haus verlässt, wann sie ihren Kaffee trinkt und vor allem, welche Kaffeesorte sie be-

---

[20] Vgl. Rosen, S. 196

sonders liebt. Und wir wissen, wenn sie mal wieder emotionale Konflikte mit ihrem Freund austrägt. Dies erkennt man dann an Posts, welche in einem Anflug von Melancholie in die Insta-Story eingestellt werden. Besonders interessant ist es, wenn wir anfangen, in den Aktivitäten unserer Partner herumzustöbern. Früher oder später wird man mit Sicherheit das ein oder andere Detail entdecken, was uns stutzig macht und vielleicht sogar den Hinweis auf möglichen Betrug gibt. Eifersucht und Drama sind vorprogrammiert. Wir können in dieser Hinsicht soziale Medien mit einem Brandbeschleuniger vergleichen, der nochmal extra Salz in die Wunde kippt.

Alles hat geklappt! Das Schuljahr ist gut überstanden, endlich sind die Ferien da und der Urlaub nach Mallorca mit ihren zwei Freundinnen steht vor der Tür. Ihr Koffer ist gepackt, endlich kann sie von ihren Eltern zum Flughafen gebracht werden, wo sie schon freudig erwartet wird. Doch schnell noch ein zweites Mal den Koffer kontrollieren. Sie will nur eben sichergehen, dass sie auch ihr Ladekabel für ihr Handy nicht vergessen hat. Auf dem Weg zum Flughafen im Auto sitzend, scrollt sie die neusten Hashtags auf Instagram durch, sie will sich vorab schließlich schon einen ersten Eindruck von dem machen, was sie dort erwartet. Sie fühlt sich inzwischen wieder richtig gut, von der Niedergeschlagenheit der letzten Wochen keine Spur mehr. Dies teilt sie frohen Mutes mit der Welt. Selbst die Strecke hin zum Flughafen fand bereits zum dritten Mal ihren Platz in ihrer Instagram-Story, die sie nun mit weiteren Hashtags versieht und in der sie selbstverständlich auch ihre Freundinnen markiert.

Der Flug ging schnell vorbei. Endlich sind sie angekommen. Wunderbares Wetter, die Sonne scheint, sie hat ihre #BestFriends dabei. Nichts in der Welt kann jetzt ihre Laune verderben, nicht einmal der prall gefüllte, in seinem Innern nach Schweiß riechende Bus, welcher die drei Mädels zu ihrem Hotel bringt. Es ist einfach ein Traum. Nach wenigen Minuten Fahrt ist bereits das Meer in Sicht. Was für ein Ausblick! Ihre Freundin zückt direkt ihr Mobiltelefon, um schnell ein Foto von der Szenerie zu knipsen. Wie ferngesteuert wandert auch ihre Hand direkt in ihre Tasche, sie will natürlich auch dabei sein, mit ihren Freunden die Sonnenseite des Lebens teilen, doch dann… Schockstarre. Einen Moment in der Stille verharrend, beginnt ihr Gehirn wie verrückt Botenstoffe auszusenden, welche in ihr ein massives Gefühl der Panik auslösen. Ihr Handy. Ihr Handy ist weg. Schnell nimmt sie ihren Rucksack und durchforstet ihn panisch. Keine Spur von ihrem Smartphone. Ihren Freundinnen wird die grausame Realität eher bewusst als ihr. Ihr Handy wurde wahrscheinlich gestohlen, denn normalerweise trägt sie es immer ausnahmslos in ihrer linken Hosentasche. Und ihre Eltern haben sie noch darauf hingewiesen, sie solle bitte auf Taschendiebe achten, besonders der Tatsache geschuldet, dass sie erst vor einigen Monaten zu ihrem Geburtstag ein neues Handy geschenkt bekommen hat. Eine Million Gedanken rasen durch ihren Kopf. Es fühlt sich für sie einen Moment lang an, als würde die Welt um sie herum völlig verschwinden, eingefroren sein, während sie einen gefühlten Identitätstod erlebt.

Das Smartphone ist heute zum größten Sympathieträger geworden. Unsere Blicke wandern in unserem Alltag viel mehr auf unseren Bildschirm als in die Augen unserer Mitmenschen. Darunter wird besonders die Kommunikation in Mitleidenschaft gezogen. Wir verkriechen uns immer mehr in unsere Online-Welt, wir sind nicht mehr im Hier und Jetzt. Unser Gegenüber bekommt, wenn er oder sie glücklich ist, wenn überhaupt noch 50 Prozent unserer Aufmerksamkeit. Kein Gespräch erfolgt mehr, ohne dass zumindest einmal ein Blick gen Smartphone wandert, was die Qualität und Tiefe der Kommunikation deutlich mindert. Hinzu kommt, dass wir den Gemütszustand unserer Mitmenschen nicht mehr richtig wahrnehmen. Dies ist einerseits den bereits angesprochenen Störungen durch unsere „Devices" geschuldet. Andererseits kommt es zu einer Degeneration der sozialen Kompetenzen durch übermäßigen Kontakt zur Online-Welt. Wir können einen guten Freundeskreis haben, jedoch sorgt die zunehmende Oberflächlichkeit der Kontakte dafür, dass wir beträchtlich an Lebensqualität verlieren. Richtige Freunde, tiefe zwischenmenschliche Beziehungen zu haben und diese auch aufrecht halten zu können, sind essentiell für unser Wohlbefinden. Ein weiterer Faktor, der die Lebensqualität mindert, ist die mangelnde Bewegung als Folge eines Überkonsums an Medien. Durch die Tatsache, dass wir täglich zwei bis vier Stunden aktiv an unserem Handy sind, bewegen wir uns schlichtweg weniger. Wir verschwenden viel Zeit, die wir anders nutzen könnten und die auch in vorherigen Generationen anders genutzt wurde. Wir haben uns bewegt. Wir sind rausgegangen. Heutzutage findet kaum noch etwas draußen statt. Und wenn es das tut, ist dies meist mit der Online-

Welt gekoppelt. Selbst die Kinder sind von diesem Phänomen betroffen. Heute sind die meisten Spielplätze leer. Angetrieben von der Motivation, den bestmöglichen Highscore zu erzielen, verbringen selbst unsere Fünfjährigen heute ihre Zeit lieber vor dem Tablet.

Mögen diese Umstände schon sehr alarmierend sein, gibt es da auch noch andere Dinge, die als deutlich problematischer einzustufen sind. Neben der Tatsache, dass wir immer abhängiger von unseren Geräten werden, haben wir es mit einer Generation von jungen Menschen zu tun, welche sowieso schon durch die Digitalisierung immer mehr sozial verarmt und die nun auch noch ihr Leben in den direkten Vergleich mit dem „optimalen Leben" der Influencer stellt. Den Versuch zu unternehmen, ein genauso sorgen- und problemfreies Leben einschließlich eines großen Haufens Anerkennung, eines gefüllten Portemonnaies und des perfekten, makellosen Traumkörpers zu führen, ist ein sehr problematisches Unterfangen, das sehr oft ein Gefühl einer gescheiterten Existenz auslöst. Insbesondere die jüngeren Nutzer, welche noch nicht über ein gesundes Maß an Reflexionsfähigkeit verfügen, vergessen, dass dieses ideale Leben schlichtweg eine Illusion ist. In den sozialen Medien werden die schönen Attribute des Lebens besonders hervorgehoben und aufgeblasen, die negativen Seiten, Makel und Imperfektionen werden meist ausgeblendet. Wir haben es mit einer Generation zu tun, in der Fehler und Makel als etwas Unnatürliches angesehen werden. Jeden Morgen, wenn wir in den Spiegel schauen, stellen wir mit Erschrecken fest, dass wir alles andere als perfekt sind. Die Konsumindustrie tut ihr Übriges. Instagram und Co. knüpfen genau da an, wo die Schönheitsindustrie und die Werbung für ihre Produkte und Dienstleistungen bereits erste Unsicherheiten generiert haben. Wir bekommen von allen Seiten eingeredet, dass wir als Individuum nicht genug sind. Es ist oftmals nur noch „das Eine", das für das Vollkommen-Sein fehlt. Sei es für die Frauen der besondere Lippenstift, das spezielle Makeup, welches alle anderen Mitstreiter um den Schönheitspreis im Schatten stehen lässt, der teure Schmuck, vielleicht die Korrektur des rechten Nasenflügels, die mit Botox aufgespritzten Lippen. Für den Mann das neue Auto, die funkelnde Uhr, das teure Parfum und zu guter Letzt noch die perfekte Frau an seiner Seite. Denn hast du dies nicht, bist du nichts, nicht gut genug. Instagram bedient sich dieser negativen Grundhaltung und multipliziert dieses negative Gefühl ins Unendliche. Wir laufen nur noch dem Ideal hinterher, vom Erkennen des eigenen Selbstwerts keine Spur. Diese Art der Minderwertigkeitskomplexe, des permanenten Kampfes um Perfektion, stellt eine gute Grundlage für eine entstehende Depression dar.

Unserer heutigen digitalen Generation fehlt es an Tiefenstruktur. Unser Alltag wird mehr und mehr durch oberflächliche Belange bestimmt. Die Oberflächlichkeit ist das neue Mindset der Gesellschaft. Nur die Oberfläche ist das, was zählt, was darunterliegt ist zweitrangig. Es geht nur noch um Dinge, die sich auf unserem Bildschirm darstellen lassen. Alles andere bringt auf Social-Media ja ohnehin keine Abonnenten.

Der zwanghafte Glaube, immer besser sein zu müssen als andere, mitzuhalten, mehr Abonnenten zu haben, noch mehr Ansehen zu erlangen, wird bei sehr instabilen Charakteren mit hoher Wahrscheinlichkeit früher oder später ein Gefühl des Scheiterns auslösen. Dies ist auch oftmals mit einem Gefühl der Einsamkeit gepaart. Und diese Einsamkeit kann auf Dauer in eine Depression führen. Wie wir mit Bedauern schon festgestellt haben, nimmt die Zeit der online Aktivität bzw. Smartphone-Nutzung stets zu, das heißt, wir werden immer weniger Zeit haben, uns mit sinnvolleren Dingen zu beschäftigen. Echte Freunde hat kaum jemand mehr, die einen in Phasen emotionaler Krisen auffangen und unterstützen können. Wir haben ja jetzt lieber virtuelle Freunde, und davon nicht zu wenige. Und trotzdem fühlen wir uns irgendwie schlecht. Doch wenn es uns nicht gut geht, was tun wir dann? Richtig: Wir sind wieder online. Versuchen, uns irgendwie mit anderen, belanglosen Dingen aus dem Dschungel der digitalen Reizüberflutung abzulenken. Wir gehen nicht mehr zu unseren Freunden, um über Probleme zu sprechen. Wir öffnen lieber Instagram, um uns eine sehr kurzweilige Erleichterung zu verschaffen. Somit begeben wir uns in einen ewigen Kreislauf. Dort erst einmal angekommen, bedingen soziale Medien Unglück und Unglück bedingt soziale Medien. Ein besonderes Augenmerk legen wir, wie schon angemerkt, auf die Jugendlichen der heutigen Zeit. Sie haben es sehr schwer, sich in diesem beschriebenen Dschungel der Informationsüberladung zurechtzufinden, ja sogar die Inhalte kritisch zu reflektieren. Diese Fähigkeit geht vielen Jugendlichen ab, da sie noch zu jung sind, um mit sozialen Medien reflektiert umzugehen. Auch die Werbeindustrie hat vor langer Zeit schon soziale Medien für sich entdeckt, kann diese für alle Belange nutzen und Inhalte dem Einzelnen für ihn perfekt zugeschnitten präsentieren. Besonders Kinder und Jugendliche nehmen diese Informationen ungefiltert auf, haben keinen Schimmer davon, wie sehr sie durch die Werbe- bzw. Konsumindustrie genötigt werden, Produkte zu kaufen. Sie werden im Glauben aufwachsen, ohne diese als Mensch nicht wertvoll genug zu sein. Darüber hinaus sehen sich viele Eltern aufgrund der Versprechungen der „Digitalisierungsindustrie" und der Annahme, Kinder könnten durch digitalen Medieneinsatz bestmöglich gebildet werden und auf der anderen Seite durch die Überforderungen, die der Arbeitsmarkt mit sich bringt, gezwungen, ihr Kind immer häufiger vor dem Fernseher, Tablet, Smartphone abzuladen und das auch noch mit einem guten Gefühl. Die Werbe- und Marketingindustrie wirbt mit digitalen Bildungsangeboten für Kinder, sodass die bereits Zweijährigen mit Hilfe von „kindgerechten Apps", die Welt erfahren können. Dass dieser digitale Aneignungsprozess gegenteilig zu einer gesunden, kognitiven Entwicklung des Individuums verläuft, ist zwar bekannt, wird aber doch eher unter den Tisch gekehrt, da es um eine Menge Geld geht. Kinder verbringen immer mehr Zeit mit digitalen Spielzeugen, haben immer weniger Offline-Momente, in denen sie die Welt aktiv begreifen bzw. sich aneignen können. „Was sie scheinbar fördert, untergräbt ihre Fähigkeit, die Welt zu entdecken. Digitalität statt Realität...."[21] Und jener aktive

---

[21] Lemke, Gerald; Leipner, Ingo (2015), S. 35

Aneignungsprozess wird heute weitestgehend unterbunden, indem Kinder direkt in eine absolute Passivität hineingezogen werden. Perfekte Konsumenten eben. Bis zum Abwinken vor dem Fernseher sitzen, bereits mit fünf Jahren stundenlang vor dem Smartphone abhängen, gucken und konsumieren, was andere tun. Und das Ganze wird durch die Erwachsenen in Perfektion vorgelebt. Wir bereichern, ergötzen uns am Versagen der Anderen, indem wir uns pausenlos Reality-Soaps reinhämmern, über das Leben von „Minderbemittelten" lachen. Welch eine Ironie, wenn das Tageshighlight eines großen Teils der Bevölkerung das abendliche Fernsehprogram à la Schwiegertochter gesucht oder das Dschungelcamp ist. Passive Konsumenten, die sich digital volllaufen lassen, um bloß nicht auf das eigene, völlig leere und langweilige Leben, nicht auf seine Schwächen schauen zu müssen. Lieber bleiben wir in unserer Komfortzone, dort ist es ja so schön gemütlich. Warum sich anstrengen und an sich arbeiten, sich wohl möglich seinen Ängsten und Herausforderungen stellen? Mit dieser Geisteshaltung des Kollektivs brauchen wir uns

nicht zu wundern, warum unsere Kinder genauso passiv werden, genau wie wir nur auf die
temporäre, schnell verfügbare Glücksspritze
durch digitale Technologie, angewiesen sind und
niemals kritisch mit ihrer Umwelt umgehen. Wir
leben den Kindern diese Welt vor, Tag für Tag
und wundern uns dann ernsthaft, wieso sie es
nicht anders machen als wir. Wir können unseren Kindern keinen PC-Konsum verbieten, wenn
wir selbst vier Stunden am Tag mit der Konsole
beschäftigt sind, es entzieht sich jeglicher Logik.
Und genau diese Alternativlosigkeit, dieses Ge-
bunden- Sein an die digitale Welt, macht uns
über kurz oder lang sehr traurig und schwach,
sowohl körperlich als auch vor allem geistig. Es
werden keine bedeutungsvollen Dinge im Leben
des Einzelnen erlebt bzw. angestrebt, nicht zuletzt durch die massive Zeitbeanspruchung unserer Smartphones. Dieses Leben in Bedeutungslo-
sigkeit bietet an sich einen guten Nährboden für
das Entstehen einer Depression. Wir sehen einen
konkreten Zusammenhang zwischen einem ver-
antwortungslosen Smartphone Konsum und
einem Niedergang der psychischen Gesundheit.

8. Selfies, Stories, Status: Ein Leben für den Anderen

Und während ihre Freundinnen die jährliche Selfie-Party am Strand zelebrieren, schaut sie betrübt in den Sangria Eimer. Die Stimmung ist noch immer am Tiefpunkt. #amStrand, #Sonnenuntergang, #Bestfriends, #chillenamMeer, #MalleisnureinmalimJahr hätten nun ihre Hashtags für ihr neues Sonnenuntergangs-Strandfoto sein können, mit dem sie die Welt sehr wahrscheinlich bereichert hätte. Doch stattdessen spielt sich alles offline ab. Alles ist so sehr langsam geworden. Noch immer hat sie die Stimmen ihrer schlecht gelaunten Eltern im Kopf, denen sie die Nachricht dieser Tragödie bereits am Nachmittag dank des Handys ihrer Freundin überbringen konnte. Ihren Eltern ging es ja mal wieder nur um den materiellen Wert ihres Telefons, welches sie vor einem halben Jahr erst zu ihrem Geburtstag geschenkt bekommen hatte. Dabei haben sie gar keine Ahnung, welch viel größere Bedeutung dieser Verlust hat. Sie hat nämlich nicht nur einen wertvollen Gegenstand verloren, nein, sondern noch viel mehr. Ihre Cloud war bereits vor ihrem Urlaub voll und alle Fotos, die sie in der letzten Zeit geschossen hat, all ihre unvergesslichen Momente, sind jetzt Geschichte. Es fühlt sich so an, als wäre das alles nie passiert, hätte nie existiert. Und während sie total apathisch am Strand sitzt und ihre Aufmerksamkeit völlig nach innen gekehrt ist, laufen bei ihren Freundinnen inzwischen vom Tippen wieder die Finger heiß. Es werden Fotos mit Hashtags bei Instagram hochgeladen, ein ständiger Wettlauf, wer das schnellere Internet hat und wer zuerst vom Leben auf der Sonnenseite berichten kann, allerdings nur wenn diese Fotos vorher den Prozess zahlreicher Bildbearbeitungen durchlaufen haben: Es wird ein Filter über das Bild gelegt, der die Haut reiner macht, ein weiterer verleiht dem Gesicht einen besonders hellen Glanz. Dann noch schnell ein paar Unebenheiten im Gesicht via Gesichtsretusche entfernen. Achja, dann sieht der Hintergrund irgendwie noch nicht so spannend aus. Schnell noch die Farben etwas kräftiger machen und zack: Fertig ist das perfekte Foto. Nebenbei wird der Status auf Whatsapp aktualisiert, verziert mit einem schönen Spruch aus einem Online-Magazin. Neben alldem werden noch zahlreiche Sprachnachrichten verschickt und Snaps mit merkwürdigen Hunde-Filtern an eine Vielzahl von Personen gesendet. Und dies geht jetzt schon seit 45 Minuten so. Und sie? Sie fühlt sich innerlich komplett leer, keine Spur von einem Glücksgefühl. Es fühlt sich für sie so an, als gäbe es jetzt eine unsichtbare Trennwand zwischen ihr und ihren Freundinnen. Irgendwie ist sie zwar da, aber auch nicht richtig mehr dabei. Bedrückt schaut sie gen Sonnenuntergang.

Viele unserer heutigen Jugendlichen verlieren sich in den Online-Welten. Soziale Medien liefern eine Plattform zur Selbstdarstellung, um sich selbst zur „Schau zu stellen". Dabei weicht das dargestellte, virtuelle Ich immer mehr von dem echten „Ich" in der realen Welt ab. Auch „die Kluft im Erleben und Verhalten zwischen dem Ich im Medium und dem Ich in der Wirklichkeit kann sich auch in der Welt der Gefühle auftun."[22] In den zahlreichen sozialen Plattformen präsentieren wir ein starkes, fehlerloses, von Selbstbewusstsein geprägtes Ich mit einem idealen Leben. Die Realität sieht meist anders aus und verläuft sogar manchmal komplett gegenteilig. Wir machen unser Leben zu einer perfekten Illusion, teilen mit der Welt ein illusorisches Ich, um mithalten zu können. Gleichzeitig lassen wir uns vom illusorischen Selbst der Anderen inspirieren. Wir belügen damit nicht nur die Anderen, sondern vor allem uns selbst, da wir etwas darzustellen versuchen, was wir nicht sind. Problematisch ist es, dass besonders Teenager von Instagram und anderen Social-Media-Plattformen angetan sind. Diese Phase ist kritisch, da die Persönlichkeit noch nicht voll ausgereift und es alles andere als förderlich bzw. sogar gefährlich ist, in eine inszenierte Persönlichkeit bzw. Rolle zu schlüpfen. Durch dieses Phänomen nehmen wir uns die Möglichkeit, ein gesundes, kongruentes Selbstbild aufzubauen, da unser Selbstbild nun aus realen als auch Fake-Anteilen besteht. Das führt dazu, dass wir kein einheitliches Selbst-

---

[22] Schuhler, Petra; Vogelsang, Monika (2011), S. 31 f.

wertgefühl mehr verspüren, wissen uns als analoge Person nicht mehr einzuschätzen, einzuordnen und zu akzeptieren.

Hinzu kommt die Tatsache, dass es extrem leicht ist, seine Online-Identität aufzupolieren, sein Online-Selbst zu entfremden bzw. zu verfremden. Mit den einfachsten Werkzeugen, kostenlos in Form von Bildbearbeitungssoftware herunterzuladen, können wir unsere „Makel" völlig problemlos verschwinden lassen. Denn das ist es, was gerne gesehen wird und gut ankommt: Die Perfektion, das Schöne, das Gottgleiche, das Fehlerlose. Wir präsentieren unsere Gesichter im schönsten Glanz, hellen unsere Haut auf, reduzieren Fältchen, schmälern unser Gesicht, lassen unsere Augen besonders glänzen. Diese Online-Masken, wir sagen bewusst Masken, da sie nicht annähernd etwas mit der Realität zu tun haben, dominieren die Instagram-Welt. Wir können dies als einen traurigen, alternativlosen Versuch deuten, doch irgendwie positive Aufmerksamkeit zu erregen, Anerkennung zu bekommen, ja im ganzen Sumpf der Nutzer überhaupt wahrgenommen zu werden. Diese Masken finden auch immer mehr Verwendung auf Kennenlern- Plattformen. Am Ende vom Lied steht das Erstaunen, wenn beim ersten Treffen sich die Realität massiv von der dargestellten Illusion unterscheidet. Wir machen es uns mehr und mehr zur Aufgabe, online um Aufmerksamkeit zu betteln, ja um bloß etwas zu bedeuten.

Wir posten Storys, ändern täglich unseren Whatsapp-Status, zeigen der Welt, wie besonders wir sind. Alles nur, um unsere Individualität zum Ausdruck zu bringen. Doch was ist Individualität eigentlich genau? Viele „Apologeten sehen in ihr die Vollendung der Freiheit des Einzelnen, der sich, unbedrängt von allen gesellschaftlichen Zwängen, ganz auf sich selbst und die eigenen Bedürfnisse konzentrieren kann."[23] Doch können wir wirklich von unbedrängt sprechen, wenn man sich durch den Mainstream in jene Selbstvermarktungshaltung hereinziehen lässt? Dahingehend liefert uns die Theorie des Existentialismus viele Anhaltspunkte. Alle wollen auf Instagram und Social-Media individuell

---

[23] Heinzlmaier & Ikrath (2013), S. 51

sein, doch durch den gleichen gedanklichen, im Kollektiv geteilten Prozess werden wir stattdessen immer gleicher. Beim oben genannten Existentialismus geht es unter anderem um die Gefahr, die vom „Anderen" ausgeht und somit eine Bedrohung des „Selbst" darstellt. Kurz gesagt, der „Andere" wird dann zur Bedrohung, wenn er uns dazu bringt, uns anders bzw. uns nicht so zu verhalten, wie wir es eigentlich gerne wollen. Somit werden wir fremdgesteuert, werden „zum Objekt" des Anderen. Allein schon vor dem Hintergrund, dass wir, indem wir uns von der Bewertung anderer abhängig machen, uns ihnen völlig unterwerfen und uns von ihnen steuern lassen. Dies geschieht meistens sogar, ohne dass der „Andere" eine konkrete Handlung dahingehend unternimmt, seine alleinige Präsenz ist bereits genug. Unser Leben widmen wir ausschließlich den Anderen bzw. dem Anderen. Um Freiheit zu erlangen, müssen wir lernen, uns von jenem Anderen abzugrenzen. Wer kennt es nicht: Man möchte ein Foto hochladen, verwirft diese Idee jedoch schnell, da man die negative Reaktion oder Bewertung der Anderen befürchtet. Oder man hatte eigentlich nicht vor, etwas zu posten, tut es dann dennoch, weil alle Anderen es auch tun. Soziale Medien verstehen wir als kollektiv geteilte Praxis, welche völlig unbewusst abläuft und nicht hinterfragt wird. Die meisten Social- Media Konsumenten befinden sich in einer Situation der Fremdsteuerung. Das passende Wort zur Beschreibung dieses Phänomens: Smombie. Bei diesem Begriff handelt es sich um eine Kombination zwischen „Smartphone und Zombie". Jene Analogie passt gut, um den passiven, unreflektierten Konsum und das Teilnehmen an einem völlig fremdgesteuerten Prozess zu beschreiben. Alle laufen wie „Zombies" in einer Horde einem sinnlosen Ziel hinterher, ohne den eigentlichen Grund dafür zu kennen. Durch diese unreflektierte Haltung ist man höchst anfällig für Manipulation, sowohl auf gesellschaftlicher, konsumorientierter als auch politischer Ebene. Ein Blick in die Vergangenheit zeigt, dass im Kollektiv geteiltes, unreflektiertes Verhalten und Haltungen oft mit gravierenden Folgen verbunden waren. Abgesehen davon, dass wir uns generell viel zu wenig mit uns selbst, sondern immer mehr mit „dem Anderen" beschäftigen, ist Instagram die perfekte Plattform, um genau dieses Verhalten zu verstärken. Wir laden ein Foto hoch, zeitgleich sehen wir uns hundert weitere an.

Instagram ist aktuell die Anerkennungsplattform schlechthin. Alles was wir dort tun und posten, steht in direkter Relation zu „dem Anderen", wir machen uns völlig abhängig von äußeren Bewertungen und Meinungen bzw. definieren über Likes und das Fehlen von Likes unser Selbstbild. Die übergeordnete Problemstellung ist, dass wir die einfache Bestätigung durch Likes für die viel tiefgreifendere, „echte" Anerkennung halten. Likes sind jedoch nichts anderes als ein kurzes Dopamin High, während die eigentliche Anerkennung ein tief in uns verankerter sozialer Prozess ist und ein Grundbedürfnis des Menschen darstellt. Dieser Prozess funktioniert allerdings ausschließlich in echten zwischenmenschlichen Interaktionen, da er grundsätzlich in Parametern der realen Welt verankert ist. Es kann nur durch ein echtes, sich gegenseitiges Wahrnehmen geschehen. 10000 Likes auf Social-Media und trotzdem unglücklich: Hier sehen wir ein aktuelles Phänomen von Menschen, die vermeintlich alles haben, aber nicht realisieren, was ihnen eigentlich fehlt. Man könnte sagen, es wäre besser für das Selbstwertgefühl, wenn zehn Mitmenschen im echten Leben einem Zuspruch kommunizieren, als wenn dies 100 Leute durch einen Like online tun.

Und da war er nun. Der fünfte Tag ohne ihr Handy. Noch weitere vier Tage bis zum Ende des Urlaubs, dass sie sich mittlerweile so sehr herbeisehnt, um dann schnellstmöglich endlich wieder vernetzt zu sein. Eigentlich war für sie absolut klar, dass keine Besserung in Sicht ist, solange sie kein neues Telefon in der Hand hält. Doch irgendetwas hat sich verändert. Nach den ersten Tagen des gefühlten Selbstverlustes, der Niedergeschlagenheit, der Wut, stellt sie fest, dass sie bereits morgens aufwachen kann ohne sofort wie fremdgesteuert mit ihrem Arm ihre Umgebung nach ihrem Smartphone abzusuchen. Das Gefühl des „Ich muss unbedingt etwas posten – etwas der Welt mitteilen" – hat sich tatsächlich zu ihrem Erstaunen auf ein Minimum reduziert, während es am zweiten Tag noch völlig unerträglich war. Sie beobachtet jetzt ihre Freundinnen, wie sie pausenlos auf ihrem Gerät herumtippen. Auf der einen Seite weckt dieser Anblick Neid in ihr und erinnert sie stets an ihr verlorenes Handy. Auf der anderen Seite kommt ihr dieses Verhalten ihrer Freundinnen immer befremdlicher vor. Besonders Sätze wie „Warte, ich muss noch eben ein Foto machen, bevor ich esse" – Sätze, die eigentlich üblicherweise auch aus ihrem Munde entsprangen, nimmt sie jetzt das erste Mal bewusst wahr und erkennt eine gewisse Komik in der Situation. „Natürlich kann ich auch ohne mein Handy klarkommen, das ist gar kein Problem"- beteuert ihre beste Freundin. Nach nur fünf Minuten des Smartphone Weglegens erfolgt die Nennung eines wichtigen Grundes, warum es absolut notwendig ist, mal eben kurz etwas schreiben zu müssen. Sie lacht. „Eigentlich ist das schon ziemlich krank"- denkt sie sich, während sie die sich breitmachende Unruhe bei ihrer Freundin in kurzer Abwesenheit ihres Telefons beobachtet.

Ein Tag in Palma. Welch eine lebendige Stadt. Überall Menschen, fröhliche Menschen und es gibt viel zu sehen. Pferdekutschen stehen am Straßenrand, viele Straßenkünstler bereichern die Szenerie mit ihrer Kunst: Die einen malen Portraits von Touristen, die anderen machen riesige Seifenblasen und bespaßen die Menschen. Es herrscht absolute Sommerstimmung. Es gibt viele Cocktailstände, Eis wird an jeder Ecke verkauft. Die Architektur, die Kathedrale von Palma, sieht beindruckend aus. Elegant ergänzen in Mustern geformte Pflanzen und Springbrunnen die Szenerie. Vor der Kirche erstreckt sich eine wunderbar anzuschauende Küste, das Meer, indem sich die Sonne spiegelt. All diese Dinge kann sie jetzt wahrnehmen, viel intensiver wahrnehmen, als noch zuvor. So richtig kann sie die Stimmung aufsaugen, welche irgendwie auch in ihrer Gefühlslage Spuren hinterlässt. Sie fühlt sich besser, ja viel besser sogar als noch vor ein paar Tagen. Bei ihren Freundinnen zeichnet sich das gleiche Bild wie immer ab. Die Schönheit von Palma wird von ihnen nur durch die Kameralinse ihres Smartphones wahrgenommen. Alles wird abgelichtet, hochgeladen, geteilt. Auf dem Weg zur nächsten Attraktion werden die Kommentare durchgelesen, der Blick stets auf dem Handy. Sie selbst fühlt sich gar nicht mehr so ausgeschlossen und sieht sich die anderen Menschen an. Sie beobachtet die Dinge um sie herum, fühlt sich auf eine besondere Art und Weise mehr verbunden als sonst. Und dann passiert das Unterwartete. Zufällig sieht sie einen jungen Mann, den sie äußerst attraktiv findet. Ihre Blicke treffen sich. Er kommt zu ihr und ihren Freundinnen, er sei Spanier sagt er, habe aber einige Zeit in Deutschland gelebt. Ihre Freundinnen sind fassungslos. Nach dem ersten Moment der völligen Überraschung und des verlegenen Schweigens und nicht Wissens, was als Nächstes zu tun ist, steigt sie ins Gespräch ein. Die beiden verabreden sich auf ein Bier am frühen Abend. Er holt sein Handy aus der Tasche, ein ziemlich altes Modell, vielleicht nicht mal mit einer vernünftigen Kamera. Sie erklärt ihm ihre Schusseligkeit, wie sie sich ihr Handy hat klauen lassen. Alle lachen. Er gibt ihrer Freundin seine Nummer, sodass er sie irgendwie erreichen kann. Das Treffen steht. Laura ist völlig überwältigt. Ihre Freundinnen, eher neidisch als unterstützend, beglückwünschen sie und fragen sich, wieso Ihnen sowas nie passiert.

Nach einem relativ schönen Ausklang der letzten Urlaubstagewieder zu Hause in Deutschland angekommen, hat sie nach kurzer Zeit wieder ein

Handy. Aber sie will es nicht mehr so oft benutzen, sagt sie. Sie möchte sich feste Zeiten einrich-
ten, an denen sie völlig offline ist. Online im Leben. Sie fühlt sich gut und hat ein Lächeln im
Gesicht. Und was aus den beiden am Strand geworden ist? Das ist eine andere Geschichte.

Gibt es ein Entkommen? Gibt es eine Möglichkeit, der digitalen Welt zu entfliehen? Wir glauben nicht, dass dies unsere Ambition sein sollte.
Vielmehr teilen wir die Ansicht, wie schon viele
andere, dass es viel mehr um das „Wie?" gehen
sollte. Smartphones, Computer, Tablets, Smart-
watches und Co. haben sich fest in unserem Alltag etabliert. Der technologische Fortschritt ist
unaufhaltsam, wir bekommen immer leistungs-
stärkere Geräte mit nahezu unbegrenzten Möglichkeiten zur Verfügung gestellt. Wir vernetzen
uns weltweit, holen uns Informationen aus dem
www. binnen Sekunden, schreiben mal eben eine
E-Mail auf dem Weg nach Hause, bekommen
Stau-Warnungen via App, streamen Musik und
Filme, lassen uns den Wetterbericht und Romane
vorlesen, helfen mit Apps unseren Kindern Lern-
inhalte interaktiv zu verstehen, bestellen Produk-

te ganz bequem im Online-Shop, teilen unsere Fotos mit Freunden, haben immer einen digitalen Terminkalender dabei. An diesen Beispielen wird deutlich, dass unsere digitalen Endgeräte nicht mehr aus unserer heutigen Welt wegzudenken sind. Viel mehr übernehmen sie zentrale Funktionen und sind heutzutage vielleicht sogar essentiell, um unseren Alltag zu planen, zu organisieren und zu strukturieren. Die Nachkriegs Generation, für welche die „neue digitale Welt" die reinste Überforderung darstellt, wird allmählich abgelöst von einer Generation „neuer alter Menschen", die zumindest ein Verständnis davon entwickeln konnte, wie man sich die neue Technologie zunutze machen und sie auch aktiv begreifen kann. Mit ein wenig Vorstellungskraft kann man sich ausmalen, wie es in der Zukunft in Senioreneinrichtungen aussehen kann bzw. wird. Heutzutage vereinsamen Menschen in diesen Einrichtungen oftmals, verlieren den Kontakt zu ihren wenigen Mitmenschen aufgrund von räumlicher Trennung und sind täglich von den gleichen Gesichtern umgeben. Unsere heutige digitale Generation wird selbst im hohen Alter noch die Kompetenz besitzen, Smartphones zu bedienen. So werden sie die Möglichkeit haben, stets mit ihren alten Freunden und Bekannten in Kontakt zu bleiben, können Bilder austauschen, sich in Erinnerungen schwelgen, wenn sie sich alte Fotos und Videos ansehen und per Videostreams miteinander kommunizieren. Dies wäre mit Sicherheit eine große Bereicherung für den ein oder anderen, der vielleicht körperlich so eingeschränkt ist, dass ihm sein Smartphone als einzige Möglichkeit zur Gestaltung eines sozialen Alltags bleibt. Ist der Mensch ohne wirkliche Beschäftigung und lebt nur noch vor sich hin, degeneriert er. Früher oder später werden alle Menschen dement, allerdings lässt sich dieser Prozess durch unterschiedlichste, aktivierende und zeitgleich auch anstrengende Gehirntätigkeiten zwar nicht vermeiden, allerdings um einige Jahre verzögern.[24] Zwar können wir auf der einen Seite im Laufe der Jahre mit einem Rückgang an Fachkräften rechnen. Auf der anderen Seite kann diesem allerdings mit digitalen Errungenschaften erheblich entgegengesteuert

---

[24] Vgl. Gonsch, Verena (2017), S. 156

werden. Verena Gonsch stellt in ihrem Buch „Digitale Intelligenz. Warum die Generation Smartphone kein Problem, sondern unsere Rettung ist" die Organisation Selfhelp-Community-Services in New York City vor, die sich mit dem Ziel an alte Menschen richtet, diese so lange wie möglich noch in den eigenen vier Wänden wohnen zu lassen. Eingesetzt werden kognitive Stimulationsprogramme, welche je nach Erkrankungsgrad des Menschen diesem unterschiedliche Spiele anbietet, die unterschiedlich anspruchsvoll gestaltet sind. Die Organisation bietet in New York über 40 verschiedene Kurse an, welche von zu Hause aus belegt werden können. Zu den Kursen zählen virtuelle Museumsbesuche, Bewegungsangebote als auch Geschichtsklassen. Die Senioren können zu den entsprechenden Uhrzeiten zuschalten und sich gleichzeitig via Headset mit den anderen Teilnehmern unterhalten. Durch jenes Programm Selfhelp werden Vorbehalte gegenüber digitalen Technologien abgebaut und das Maß an sozialer Isolation wird reduziert.[25]

---

[25] Vgl. Gonsch, Verena (2017), S. 157 f.

Betrachten wir den demographischen Wandel werden wir schnell feststellen, dass unser System sich auf der Kippe befindet, auf dem Prüfstand steht und wir mit großen Veränderungen konfrontiert werden. Idealerweise haben wir ein ausgeglichenes Verhältnis zwischen jungen und alten Menschen. Durch die Babyboomer-Generation explodierte die Zahl der jungen Menschen, es gab eine hohe Geburtenrate. Wir kommen allerdings nun in eine Zeit, in der genau jene Generation sich nach und nach in das Rentenalter verabschiedet. Seit den letzten Jahren haben wir mit einem zum Teil beträchtlichen Rückgang der Geburtenrate zu tun. Im Umkehrschluss bedeutet es, dass wir zu einer Gesellschaft werden, in der es viel mehr alte als junge, arbeitsfähige Menschen geben wird, welche das System stabilisieren. Der Staat steht vor dem Problem, dass es immer mehr alte Menschen gibt und weiß nicht, wie er damit umgehen kann. Dies zeigt sich bereits jetzt schon am Fachkräftemangel. Es gibt nicht mehr ausreichend Menschen, die sich zufriedenstellend um die Senioren kümmern können. An dieser Stelle können Organisationen wie das oben beschriebene Selfhelp ein wahrer Segen sein, sodass der Mangel an Fachkräften durch die Digitalisierung zumindest ansatzweise reguliert werden kann.

In den vorherigen Kapiteln haben wir veranschaulicht, welche Gefahren von der neuen Technologie ausgehen können, haben soziale Medien stark kritisiert und der digitalen Gesellschaft, von der auch wir ein Teil sind, den Spiegel vorgehalten. An dieser Stelle ist es wichtig aufzuzeigen, dass es allerdings auch eine andere Betrachtungsweise gibt und wir uns dieser durchaus auch sehr bewusst sind. Wir sind uns bewusst darüber, dass unser Smartphone vieles für uns erleichtert und uns völlig neue Möglichkeiten gibt, uns zu entfalten.

Die Idee, die Welt durch soziale Medien zu vernetzen, ist grundsätzlich keine schlechte. Wir haben die Möglichkeit, mit Menschen Kontakt aufzunehmen, die wir schon vor langer Zeit aus den Augen verloren haben und sind nicht mehr auf den physischen Ort beschränkt. Wir können uns über unsere Geräte organisieren, Demonstrationen planen, Gleichgesinnte finden und das fast von jedem Fleck auf dieser Erde. Das eben genannte Beispiel des alten und gebrechlichen Menschen im Altenheim oder auch eben noch zu Hause in den eigenen vier Wänden und in sozialer Einsamkeit lebend, welcher sein Smartphone und die Digitalisierung wahrhaft als Segen anerkennt, zeigt, auf welcher dünnen Linie sich die Diskussion um die neuen Medien befindet. Je nach Auslegung können die Fakten, die wir derzeit über Smartphone und co. haben auf die kontra, als auch ebenso schnell auf die pro Seite kippen. Es wäre zu einfach, die digitalen Errungenschaften des 21. Jahrhunderts als per se schlecht, oder per se gut einzuordnen. Dafür handelt es sich hierbei um ein viel zu komplexes Gebilde mit ganz unterschiedlichen Facetten, die es anzuschauen gilt. Die Frage bei der großen Diskussion sollte sein, wie wir es schaffen können, eine Balance herzustellen. Eine Balance und Haltung, die uns ermöglicht, das Beste aus der neuen Technologie herauszuholen, sie optimal zu nutzen aber uns dennoch von ihr auch bestmöglich abgrenzen zu können. Der Schlüssel wird es sein, die Technologie nutzen zu können, ohne von ihr benutzt zu werden bzw. uns vereinnahmen zu lassen.

Der Fokus unseres Buches liegt zu keinem Zeitpunkt auf dem Durchschnittsnutzer, der einige Male am Tag auf sein Handy guckt, Sprachnachrichten verschickt und hier und da mal ein Foto auf eine Internetplattform hochlädt. Genauso wenig liegt er auf Menschen, die im beruflichen Kontext soziale Medien nutzen, um mehr Aufmerksamkeit für ihr Produkt oder ihre angebotene Dienstleistung zu bekommen. Das Buch fokussiert sich viel mehr auf jene Menschen, die nicht mehr ohne ihr Smartphone leben können. Jene Menschen, die fast verrückt werden, wenn es einmal für einige Minuten nicht auftaucht; auf die Menschen, die ihren ganzen Selbstwert darüber definieren, wie sie online von anderen gesehen und bewertet werden; diejenigen, welche nicht mehr in der Lage sind, tiefe zwischenmenschliche Beziehungen einzugehen, weil ihnen alles zu lang dauert und nicht sofort eine Belohnung erfolgt und ganz besonders: an unsere Kinder. An die neue Generation, die ab

2010'er, welche mit dem ersten Atemzug sofort mit Online-Welten und Smart-Devices konfrontiert werden. An genau jene, die noch keine ausreichende Reflexionsfähigkeit besitzen, sich kritisch mit den Dingen, die sie tun, auseinandersetzen können und darüber hinaus noch höchst manipulierbar sind. An dieser Stelle sind wir gefragt: Was können wir tun, um einen kompetenten Umgang mit unseren Smartphones zu vermitteln? Es macht wenig Sinn, die Augen zu verschließen und die digitale Welt völlig zu ignorieren. Wir müssen uns aktiv mit ihr befassen, uns immer wieder reflektieren und uns neu zu ihr positionieren.

Um genau jene neue Generation in Sachen digitaler Neuzeit optimal zu schützen, vorzubereiten und auszubilden, bedarf es zunächst einmal einen eigenen reflektierten Umgang mit jenen Medien. Wenn wir in Zukunft eine Gesellschaft digitalkompetenter Menschen haben wollen, welche darüber hinaus sich auch noch ihrer analogen Ressourcen bewusst sind und diese nutzen, so sollten wir zunächst den Fokus auf die Kinder richten.

Kinder kommen mit bereits vielen angelegten Ressourcen zur Welt. Sie wollen die Welt, ihre Lebenswelt konkret erfahren und begreifen. Die Erwachsenen, die Erzieher, die Bezugspersonen in der frühen Phase unseres Lebens spielen eine bedeutende Rolle und bilden den Grundstein für eine gelingende Identitätsbildung. Die Kinder schauen sich ihre Umwelt genau an, imitieren Verhaltensweisen und nehmen sich uns als Vorbild. An dieser Stelle kommt bereits ein wichtiges Kernelement zum Tragen: Vorbild sein. Wir können nicht von unseren Kindern verlangen, „nicht immer am Handy zu sein", wenn wir es selbst nicht hinbekommen, uns auch nur fünf Minuten am Tag mit etwas anderem zu beschäftigen. Um ein entsprechendes Vorbild sein zu können, müssen wir in der Lage sein, unser eigenes Verhalten zu reflektieren. Dazu muss ein Bewusstsein geschaffen werden. An dieser Stelle unser Appell an Sie: Machen sie sich bewusst, wie oft Sie am Tag mit ihrem Handy beschäftigt sind. Wie oft erwischen Sie sich selbst dabei, wenn sie grundlos auf ihr Handy schauen, auch wenn es gar keinen Anlass dafür gibt und Sie eigentlich gerade mit etwas anderem beschäftigt sind. Gehen Sie mit offenen Augen durch die Welt und sie werden feststellen, warum wir so motiviert waren, dieses Buch zu schreiben. Sie werden Menschen in unterschiedlichsten sozialen Situationen beobachten, die vielleicht auch wie Sie, völlig automatisiert zum Handy greifen, eben weil andere es auch tun oder einfach „weil sonst was fehlt". Sie werden die Situationskomik erkennen, wenn Sie in einem Restaurant sitzen und das Pärchen am Nachbartisch erstmal ganz stolz das präsentierte Essen abfotografiert. Vielleicht sind Sie es auch selbst, die den Drang verspüren, ihr Erlebnis mit der Welt zu teilen mit der Konsequenz, nur „halb" bei der Sache sein zu können. Fakt ist, ein Handy kann gerade in sozialen Situationen ein erheblicher Störfaktor für zwischenmenschliche Beziehungen sein.

Ein weiterer wichtiger Aspekt, der sich besonders an die Eltern oder jene, die es noch werden wollen, richtet, ist: Reglementierung der Nutzung. Früher, wir reden von dem Zeitpunkt, als Handys noch eher Bauklötzen mit Tasten ähnelten, auf denen man vielleicht gerade einmal Snake spielen konnte und man sich der Gefahr bewusst war, wie teuer es werden würde, wenn man ausversehen auf den Internetknopf drückt, konnte man noch nicht von multifunktionalen Geräten sprechen. Es war durchaus hilfreich, seine Kinder mit einem solchen Gerät auszustatten, sodass sie sich melden konnten, wenn es irgendwo Schwierigkeiten gab oder sie sonstige Hilfe benötigten. Allerdings ist es heute zum Standard geworden, dass Kinder bereits im Grundschulalter ihr Smartphone mit in die Schule nehmen. Das Problem ist, wie eben schon genannt, dass diese „smarten" Geräte heute tatsächlich multifunktional sind, das Internet nicht mehr mit wirklichen Kosten verbunden ist und es somit einem Großteil der Kinder fast uneingeschränkt zur Verfügung steht. Die ein- oder anderen Eltern installieren wenigstens Software, um ihre Kinder vor den schwerwiegenderen Gefahren zu schützen. Viele andere Kinder haben so bereits in sehr jungen Jahren Zugang zu allen möglichen Webinhalten, unter anderem auch zur Internetpornographie, um nur ein Beispiel anzuführen.

Die Kinder sind miteinander vernetzt. Dies ist schön und gut, allerdings auch sehr alarmierend, da Cybermobbing bereits im Grundschulalter zum Thema Nummer 1 wird und von ihm eine immer größer werdende Gefahr ausgeht. Aus eigenen Erfahrungen im beruflichen Kontext können wir dies bestätigen. Auf der einen Seite werden Kinder in der analogen Welt ausgeschlossen, gelten als uncool, wenn sie kein Handy mit Internetzugang geschweige denn überhaupt ein Handy besitzen. Es muss übrigens auch immer das neuste iPhone sein, denn sonst ist man ja „uncool". Auf der anderen Seite kommt es zu einer Online-Gang-Bildung, einige Kinder werden z.B. über Whatsapp-Gruppen schikaniert. Dies ist ein besonders fieses Phänomen, da es von Seiten der Fachkräfte nur sehr schwer erkannt werden kann. Darüber hinaus sind viele der Kinder nicht über das Thema Datenschutz, Privatsphäre bzw. über sonstige Gefahren, die mit dem Internet verbunden sind, informiert. Mal eben werden Fotos von anderen geschossen und über Whatsapp versendet. Dies dient in vielen Fällen nur dem Entertainment, in manchen aber werden Kinder- und Jugendliche von Gleichaltrigen bewusst bloßgestellt. Wir können also festhalten, dass das Thema Mobbing sich auch immer mehr vom Analogen ins Digitale verschiebt. Die Frage stellt sich, wie wir dem begegnen können. Ein Wort, welches immer wieder und von allen Seiten ertönt, ist das Wort Medienkompetenz. Dabei haben die wenigsten auch nur ansatzweise eine Ahnung, worum es sich handelt. Das Wort „Medium" an sich ist schon sehr unspezifisch und kann alles und gleichzeitig auch nichts bedeuten. Die Schwierigkeit wird auch daran deutlich, dass Medienkompetenz nicht etwas wirklich Messbares darstellt. Darüber hinaus geht es um weit mehr als die Fähigkeit, ein Smartphone zu bedienen. Gefahren lassen sich nicht pauschalisieren und erst recht gibt es keine Musterlösungen für die vielfältigen Situationen, auch wenn sich Schulen dem Thema allmählich annähern und den Kindern einen sicheren Umgang mit dem Smartphone vermitteln wollen. Auch an dieser Stelle geht es um ein Bewusstsein. Ein Bewusstsein zu schaffen für die Dinge, die ich tue, reflexiv mit den neuen Medien und vor allem sozialen Medien umzugehen. Wir reden von einem globalen Bewusstsein für einen kompetenten Umgang. Es bedarf einem hohen Grad an Empathie-Fähigkeit, gerade wenn es darum geht, mögliche emotionale Verletzungen an meinem Gegenüber zu vermeiden. Natürlich war Mobbing schon immer ein großes Thema. Allerdings erfordert es noch mehr Mut und Überwindung, jemanden aktiv zu beleidigen, ihn mit Worten zu schädigen, anstatt einfach „mal eben" ein paar Tasten zu betätigen. Wir brauchen einander nicht mehr anschauen. Es ist so einfach geworden, Menschen unter Beobachtung der Öffentlichkeit bloßzustellen, während wir uns ganz bequem hinter unseren Bildschirmen verstecken können.

Wir brauchen mehr Einfühlungsvermögen, mehr Gefühl für das Miteinander. Wir müssen erst wieder lernen, Menschen in die Augen zu sehen, wenn wir mit ihnen Konflikte konstruktiv austragen wollen.

Internet-Mobbing ist nur ein Teilbereich von vielen möglichen negativen Facetten, die durch die neue digitale Welt möglich geworden sind. Auch das Thema des Online-Datings wurde in vorherigen Kapiteln abgehandelt. Grundsätzlich ist die Idee hinter den Konzepten von Online-Dating keine schlechte. Es ist ein Teil eines größeren Puzzles des digitalen Szenarios. Es kann eine Hilfestellung, gleichzeitig aber auch ein Beitrag zur absoluten Abhängigkeit sein. Immer mehr Menschen verlieren bzw. erlernen erst gar nicht die wie wir finden notwendige Kernkompetenz, auf andere Menschen zuzugehen, ihnen ehrlich gemeinte Komplimente zu machen, erheiternde Kommunikation einfach mal „geschehen" zu lassen. Aber das können viele schon lange nicht mehr. Die Konsum- bzw. Angstindustrie hat uns voll im Griff. Was ist, wenn wir in dem Moment, wenn wir einen für uns schönen Menschen entdecken und ihn ansprechen wollen, nicht gut aussehen? Was ist, wenn wir in dem Moment nicht das richtige Parfüm benutzen, wenn wir zu klein sind, die Situation nicht die Richtige ist, andere mich ja sehen können und ich zu allem Drama noch einen Korb bekomme? Für die meisten Menschen ein richtiges Horror-Szenario. Weil wir es nicht mehr aushalten können, durch herausfordernde Situationen zu gehen und nicht das Potential dieser zu erkennen, flüchten wir lieber in unsere Komfortzonenwelt, in der man sich erstmal kennenlernt, bevor man sich kennenlernt. Besitzt man allerdings die Fähigkeit, auf Menschen zuzugehen, ja ihnen einfach mal ein Kompliment machen zu können ohne gleich den Weltuntergang zu befürchten, dann ist es durchaus legitim, nebenbei Flirt-Apps zu verwenden. Wir werden sie nicht verbieten können, darum soll es auch nicht gehen. Wir empfinden sie allerdings als Gefahr genau für jene Menschen, die diese Apps ursprünglich unterstützen wollten.

Aktuell leben wir (noch) in einer Zeit, in der sich die Vorstellung und das Verständnis von sozialen Medien und Smart-Devices zwischen den Generationen noch stark unterscheidet. Unsere Großeltern bekommen vielleicht nur noch am Rande etwas von diesem Phänomen „Internet" mit. Noch immer kursieren Fragen unserer älteren Mitmenschen wie „Was ist das, dieses Internet", es fehlt oftmals völlig der Bezug, das Verständnis für die Existenz dieses Paralleluniversums. Unsere Eltern, die 60'er, 70'er Generation kam noch rechtzeitig mit diesem „Internet" in Kontakt, konnte antizipieren und sich diese Technik zu Nutze machen, wobei soziale Medien auch für sie noch meist ein Fremdwort darstellen. Dies wird sich im Laufe der Jahre ändern. Die Eltern, Großeltern der Zukunft werden auch zu denen gehören, die von Anfang an mit sozialen Medien groß geworden sind, werden viel mehr „im Thema" sein als es noch aktuell bei den älteren Generationen der Fall ist. Ob dies gut oder schlecht ist, kann von unterschiedlichen Perspektiven betrachtet werden. Auf der einen Seite können sie ihren Enkeln und Kindern mit Rat und Tat zur Seite stehen, können, sofern sie ein Bewusstsein für die Gefahren, welche die Smart-Device-Nutzung mit sich bringt, haben, reflektieren und entsprechende Schritte für eine optimale Präventionsarbeit einleiten. Somit können sie einen sicheren Umgang ihrer Kinder mit der neuen Technologie wahrscheinlicher machen. Sie können ein Gespür dafür haben, was ihren Kindern guttut und was nicht, können authentisch handeln da sie wissen, wovon sie reden, da sie es selbst erlebt haben. Auf der anderen Seite können wir es mit einer Generation von alten Menschen zu tun bekommen, welche sich selbst nie gefunden hat, sich nie wirklich positionieren kann, weil sie eben aus dem gleichen Ursprung kommen, aus der gleichen Situation herauswachsen, die wir in diesem Buch beschreiben. Die Frage ist, wenn wir unser Glück während des Heranwachsens nur durch die Bestätigung Anderer bekommen können, wie reflektiert können wir mit dieser Thematik umgehen, wenn es darum geht, unsere Kinder zu schützen. Egal von welcher Seite wir diese Phänomene betrachten, sind wir uns einig, dass schon jetzt ein Handlungsbedarf besteht.

Unsere heutige Generation wird in die Internet-Welt hineingeboren, wir werden von Anfang an mit Technikgeräten wie Smartphones konfrontiert. Um dem totalen Entschwinden in jene Online-Welten entgegenzuwirken, empfinden wir die körperliche Aktivität als zentrales Element, um als Individuen geerdet zu bleiben. In der Schule verlangt man von uns, ruhig sitzen zu bleiben. Nach dem Schulalltag erfolgt für viele

Nachhilfeunterricht, Förderung in diesen und jenen Belangen. Für Bewegung bleibt abgesehen vom einststündigen Sportunterricht einmal in der Woche kaum Zeit. Hinzu kommt die Zeitklau-Maschinerie Nummer 1: Computer und Smartphones. Wir müssen dem mit vollem Bewusstsein entgegentreten, gerade die Fachkräfte müssen für mehr Bewegungsangebote plädieren. Auch vor der Schulzeit, sollten wir möglichst viel mit unseren Kindern unternehmen: Raus gehen bei Wind und Wetter, auch wenn dies der Warmduscher und Komfortzonenbesetzer Generation schwerfällt, müssen den eigenen Unannehmlichkeiten trotzen und ein Vorbild sein. Involviert eure Kinder in so viele sportliche Aktivitäten, wie es nur eben möglich ist. Insbesondere Teamsport ist hervorragend, um der durch Digitalisierung induzierten Einsamkeit Einhalt zu gebieten. Durch den Sport bekommen wir wieder ein Gefühl von unserem Körper, können das Leben wahrhaft spüren. Im Sport lernen wir mehr über das soziale Miteinander als über irgendeine App, die uns taub macht, emotional bindet und eine Trennung zum echten Leben mit sich bringt. Wir lernen durch das soziale Miteinander Grenzen kennen, lernen mit diesen umzugehen, lernen allen voran Kommunikationsfähigkeit und entwickeln ein Verständnis für ein respektvolles, soziales Miteinander und vor allem: Sport macht uns nicht nur selbstbewusster und selbstreflektierter; vielmehr werden wir viel resistenter, widerstandsfähiger gegenüber äußeren Einflüssen, insbesondere sozialen Medien und der Informationsüberflutung, die uns die digitale Zeit entgegen schmeißt.

10. Checkliste des vernünftigen Umgangs

Für die Allgemeinheit:

1) Schaffen Sie sich ein Bewusstsein für ihren Smartphone-Konsum. Online sind Sie sowieso. Legen Sie sich eine App zu, welche die On-Screen Time misst, also die Zeit, wie oft sie ihr Handy benutzen bzw. sie dies entsperren, um eine Idee von dem Ausmaß ihrer Gerätenutzung zu bekommen.

2) With eyes wide open: Laufen Sie beim nächsten Shopping Tag, beim Spazierengehen in der Stadt mit offenen Augen durch die Welt. Lassen Sie ihr Smart-Device in der Tasche und beobachten sie ihre Mitmenschen. Schaffen Sie sich ein Bewusstsein für die Smartphone-Sucht in ihrem Umfeld. Es kann durchaus sehr erheiternd sein: Klassiker sind Date-Situationen oder die „Ich muss noch eben das perfekte Foto von meinem Essen machen" – Momente.

3) Regulieren sie sich selbst: Fühlen Sie sich an manchen Tagen besonders gestresst, legen Sie ihr

Smartphone zur Seite, lassen sich von der Musik aus ihrer Heimkino-Anlage berieseln oder lesen sie ein Buch: Fun Fact: 99% ihrer eingehenden Direct-Messages können tatsächlich temporär ignoriert und erst später beantwortet werden. Sie werden dadurch keine Freunde verlieren.

4) Für die Instagrammer: Sie müssen jeden Tag ein Foto zu einer entsprechenden Uhrzeit posten, um neue Follower zu generieren, um die meiste Aufmerksamkeit zu bekommen? Wer sagt, dass sie das Müssen? Laden sie ein Foto hoch, wenn es ihnen zusagt und nicht, wenn die Statistik meint, dass es am besten ist. Entspannen Sie sich. Und wenn sie meinen es doch genau jetzt hochladen zu müssen, vergessen Sie nicht dabei zu atmen.

5) Entdecken sie das Schöne im Analogen: Analoge, anfassbare Fotoalben werden nie ihren Wert verlieren. Halten Sie Momente offline fest. Wie schön kann es sein, sich in ein paar Jahren mit ihren Freunden gemeinsam alte Fotoalben anzusehen und über die gemeinsam verbrachte Zeit zu plaudern, anstatt dem anderen ein Erin-

nerungsfoto via Whatsapp mit der Nachricht „Weißte noch?" zu schicken.

6) Legen sie hin und wieder Handy Pausen ein – auch mal für ein oder zwei Tage, beobachten Sie dabei ihre psychischen als auch physischen Reaktionen. Stresst es sie sehr, wenn Sie mal nicht an ihr Smartphone können? Glückwunsch, Sie sind wahrscheinlich schon sehr abhängig. Ein Alarmsignal, welches zu einer Einschränkung des Konsums aufruft.

<u>Für Eltern und Erziehende:</u>

1) Die Gehirne unserer Kinder machen die unterschiedlichsten Entwicklungsprozesse durch, werden permanent umstrukturiert: Schenken sie ihren Kindern offline Zeit, indem sie etwas mit ihnen unternehmen: Es gibt nichts Wertvolleres als echte, zwischenmenschliche Erfahrungen in Kombination mit echtem Erleben und einem aktiven „Be"- Greifen der Umwelt.

2) Aktivität statt Passivität: Ermöglichen Sie ihren Kindern aktive Umwelterfahrungen anstatt

sie an belanglosen, passiven Konsum zu gewöhnen. Machen sie mit ihnen Sport, verausgaben Sie sie, sodass sie zu müde sind, um am Smartphone zu spielen.

3) Reglementierung der Nutzung: Dass Kinder früher oder später mit zunehmender Autonomie mit Smart-Devices konfrontiert werden, ist sehr wahrscheinlich und sollte nicht völlig ignoriert werden: Allerdings brauchen Kinder klare Regeln und Struktur: Richten sie Apps sein, welche den Zugang (insbesondere den Internetzugang – Ja, es gibt tatsächlich Inhalte, die nicht für Kinderaugen bestimmt sind), regulieren.

4) Schaffen sie feste Rituale, bei denen Smartphones und Tablets nichts verloren haben: Das gemeinsame Essen kann ein solches Ritual sein: Am Handy zu spielen und seine Mitmenschen zu ignorieren, ist respektlos.

5) Auch wenn Handys integrierte Wecker haben, greifen Sie lieber auf analoge Geräte zurück und verhindern sie somit das Entstehen der vollständigen medialen Verknüpfung.

6) Seien Sie ein Vorbild: Kinder lernen am Modell und am meisten lernen sie von den Menschen, mit denen Sie die meiste Zeit verbringen. Das sind oftmals die Eltern oder erziehende Fachkräfte. Leben sie das Verhalten vor, das sie sich auch für ihr Kind wünschen. Wenn das Kind sie permanent beim Daddeln beobachtet, fühlt es sich nicht nur oftmals nicht wertgeschätzt und ignoriert, es wird nach und nach ihr Verhalten abkupfern und nachahmen.

7) Gefahren im Internet lauern überall. Die Gefahr, dass ihr Kind mit unerwünschten Inhalten konfrontiert wird, lässt sich zwar reduzieren, allerdings nicht völlig ausschließen. Bereiten Sie ihr Kind auf mögliche Gefahren vor, sprechen Sie mit ihrem Kind. Geben sie ihrem Kind auch den Raum, über negative Erfahrungen bzw. „komische Dinge", die es gesehen hat, zu sprechen.

<u>*Literaturverzeichnis*</u>

Buchquellen:

Spitzer, Manfred (2015): Cyberkrank! Wie das digitalisierte Leben unsere Gesundheit ruiniert. München:Droemer Verlag

Montag, Christian (2018): Homo Digitalis. Smartphones, soziale Netzwerke und das Gehirn. Wiesbaden: Springer Fachmedien GmbH

Scholz, Christian (2014): Generation Z. Wie sie tickt, was sie verändert und warum sie uns alle ansteckt. Weinheim: Wiley-VCH Verlag & Co. KGaA

Rosen, Larry (2013): Die digitale Falle. Treibt uns die Technologie in den Wahnsinn? Berlin Heidelberg: Springer Verlag

Maaz, Hans- Joachim (2012): Die narzisstische Gesellschaft. Ein Psychogram. München: Verlag C.H. Beck oHG

Poser, Manfred (2018): #FOMO. Fear of missing out. Die Angst, etwas zu verpassen. 1. Aufl. Amerang:Crotona Verlag GmbH & Co.KG

Gonsch, Verena (2017): Digitale Intelligenz. Warum die Generation Smartphone kein Problem, sondern unsere Rettung ist. 1. Aufl. Köln: Bastei Lübbe AG

Te Wildt, Bert (2015): Digital Junkies: Internetabhängigkeit und ihre Folgen für uns und unsere Kinder.1.Aufl. München: Droemer Verlag

Schuhler, Petra; Vogelsang, Monika (2011): Abschalten statt Abdriften. Wege aus dem krankhaften Gebrauch von Computer und Internet. 1. Aufl. Basel, Weinheim: Beltz Verlag

Lembke, Gerald; Leipner, Ingo (2015): Die Lüge der digitalen Bildung. Warum unsere Kinder das Lernen verlernen 3. Aufl. München: Redline Verlag

Heinzlmaier, Bernhard; Ikrath, Philipp (2013): Generation Ego. Die Werte der Jugend im 21. Jahrhundert. Promedia Druck- und Verlagsgesellschaft: Wien

Internetquellen:

Internetquelle 1:
https://www.futurebiz.de/artikel/instagram-statistiken-nutzerzahlen/
Zugriff: 23.9.2018

Internetquelle 2:
https://allfacebook.de/toll/state-of-facebook
Zugriff: 23.9.2018

Internetquelle 3:
https://expandedramblings.com/index.php/tinder-statistics/ Zugriff: 18.10.2018

Internetquelle 4:
http://www.lern-psychologie.de/kognitiv/bandura.htm
Zugriff: 16.10.2018

Internetquelle 5:
https://www.bundesgesundheitsministerium.de/
filead-
min/Dateien/5_Publikationen/Drogen_und_Such
t/Berichte/Kurzbericht/Kurzbericht_Praevalenz_
der_Internetabhaengigkeit__PINTA_.pdf
Zugriff 17.10.2018

Internetquelle 6:
https://biologischemedizin.net/krankheiten/horm
onsystem/dopaminmangel.html
Zugriff: 17.10.2018

Internetquelle 7:
https://www.itu.int/osg/spu/ni/futuremobile/soci
alaspects/IndiaMacroMobileYouthStudy04.pdf
Zugriff: 18.10.2018

Internetquelle 8:
https://www.tk.de/resource/blob/2026630/9154e4
c71766c410dc859916aa798217/tk-stressstudie-
2016-data.pdf
Zugriff: 18.10.2018

Internetquelle 9:
https://www.psychomeda.de/lexikon/stress.html
Zugriff: 02.10.2018

Internetquelle 10:
https://www.zeit.de/digital/internet/2018-
03/social-media-dak-studie-instagram-whatsapp-
sucht-jugendliche
Zugriff: 01.11.2018